Tem-
pes-
tade
tro-
pical

ORGANIZAÇÃO E PREPARAÇÃO
Vinícius Melo Justo

ASSESSORIA TEXTUAL E REVISÃO
Sandra Brazil

PROJETO GRÁFICO E DIAGRAMAÇÃO
Renata Ratto / reratto.design

Dados Internacionais de Catalogação na Publicação (CIP)
Bibliotecária Juliana Farias Motta CRB7 — 5880

F274t Favilla, Clara

Tempestade tropical: cadernos de viagem /
Clara Favilla
São Paulo: Musa Editora, 2020.

256 p.; 18cm x 25cm
ISBN 978-85-7871-032-3

1. Favilla, Clara - Viagens. 2. Jornalismo - Brasil.
3. Literatura brasileira. I. Título: cadernos de viagem

CDD B869.8

Índice para catálogo sistemático:
1. Favilla, Clara - Viagens
2. Jornalismo - Brasil
3. Literatura brasileira

Musa Editora

T 11 3862-6435 | 35 99892-6114

musaeditora@uol.com.br

www.musaambulante.com.br | www.musaeditora.com.br

Facebook.com/MusaEditora | Twitter.com/MusaEditora

Clara Favilla

Tem-pes-tade tro-pical

cadernos
de viagem

MUSA
EDITORA

Para minha filha Isabel
e meus sobrinhos
Ana Carolina, Luciano,
Mariana, André, Felipe,
Paula, Victor, Luísa,
Helena e Nina

Su-
má-
rio

Aber-
tura

Pontes
bêbadas
sobre
abismos

ATRAVESSAMOS DE MÃOS DADAS O MOJAVE. RECONHECEMO-NOS em fantasmas pelo caminho. Ali nosso pai, ali amigos. Mais adiante, todos os amores que foram ou poderiam ter sido, mais os poemas esquecidos. Balbuciamos acalantos para que adormeçam em paz.

Olha só! Bem ali: um cata-vento abandonado, um carro enferrujado, um coração despedaçado, um cacto florido. A coruja já procura abrigo. É quase manhã!

Gastamos a madrugada a juntar pedrinhas coloridas do que chamamos nossas vidas. Vestígios do que fomos, de possibilidades arruinadas, jaziam espalhados, opacos, no limbo da falta de lembrança. Resplandeceram, então, de repente, num mosaico perfeitamente decifrável.

Estamos aqui de passagem e a leve túnica da esperança nos cobre. O cajado da amizade impede nossa queda irremediável. Pão, frutas secas, água e o milagre do encontro de misteriosos oásis nos permitem a travessia. Seguíamos a caravana e nosso coração alcançou, de repente, a estrela desta alvorada. É por momentos assim de fugidia plenitude que respiramos.

Virgílio é nosso guia.

Quando o Inferno se afastou de nós, nem buscávamos o Paraíso, nem qualquer porta para bater ou que estivesse aberta. Nem qualquer abrigo de camas de feno ou manjedouras. Nem mesmo o calor de animais amigos. Nem vales verdejantes, nem colinas azuis distantes.

Amamos a secura do deserto. O frio e o orvalho da noite, nossos salvadores. Palavra por palavra construímos pontes bêbadas sobre abismos. O fio do medo nos sustenta, dele nasce nossa coragem.

O deserto é fértil: guarda sementes milenares e, quando a névoa úmida baixa, explode em cor, feito milagre. A amiga é decifradora dos segredos das pedras, de sinais de fumaça. O amigo sabe flutuar sobre nuvens carregadas. Eu pergunto e aprendo.

É por ali, diz a amiga, e segue a direção dos cactos. É por ali, diz o amigo, e segue a direção da impossível chuva. É por ali e por ali, me dizem o amigo e a amiga, e sigo a direção do vento. É por ali, por ali e por ali também. É lá, não tão perto nem tão longe. É lá, muito, muito longe. Nós nos reencontraremos, certamente. Veremos, de novo, juntos, as unhas do sol rasgarem a noite.

Em ple-
no
voo

Muitas palavras foram
abandonadas pelo
caminho. Não tenho
intenção de resgatá-las.
Mas quem sabe cheguem,
algum dia, também
à praia, de carona em
alguma garrafa náufraga.

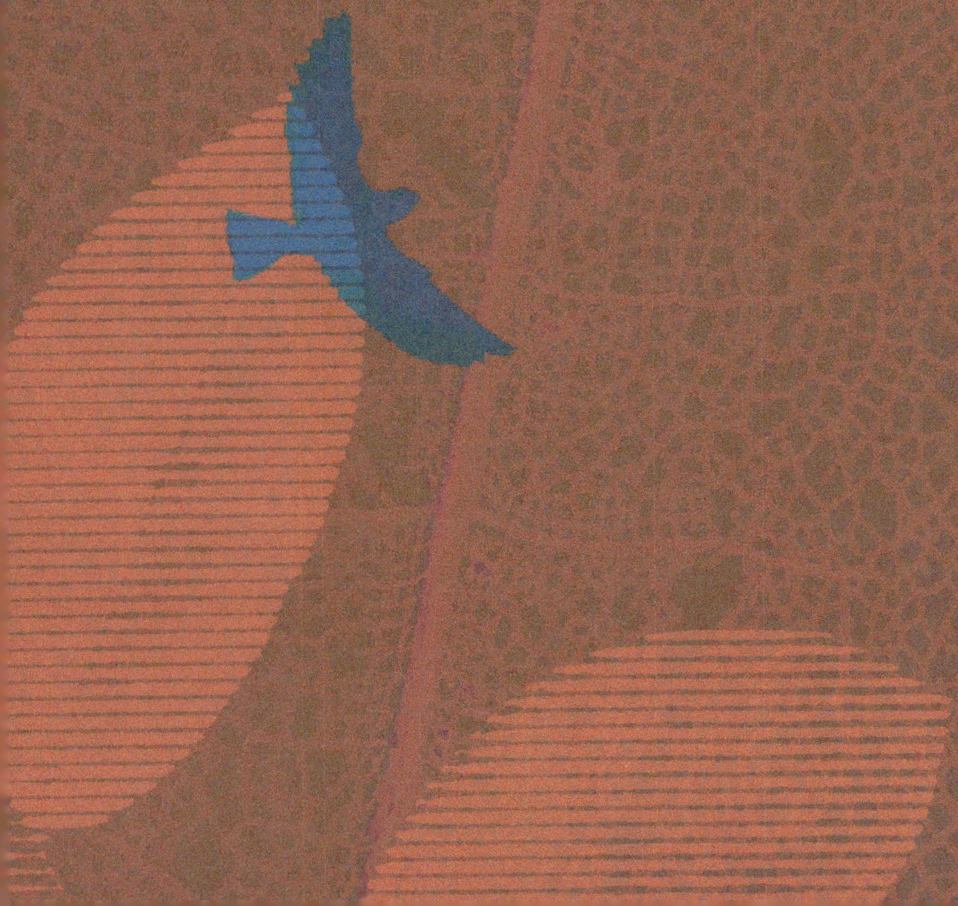

A ordem impossível

BEM QUE TENTEI COLOCAR ORDEM NO CAOS DA MINHA ESTAÇÃO de trabalho desde que me comprometi com este livro. Escrever é ato insano, palavra puxa palavra, lembrança puxa lembrança e ordenar, o que nos chega aos borbotões, não é fácil. Sucessivas tentativas fizeram-me ficar ansiosa, quase desistir, escrever menos.

Mas continuei. Assim, aos trancos e barrancos, alimentando-me, enquanto escrevia, de anotações que fiz pela minha vida de trabalho e viagens, em momentos de celebração ou de completa solidão; de fotos espalhadas por tantas gavetas, centenas delas organizadas em álbuns, outras tantas digitalizadas.

Títulos e linhas aconteceram, agrupando-se, às vezes rapidamente, às vezes devagar. Encadearam-se. Com e sem propósito, com muita ou nenhuma liga. Muitas palavras foram abandonadas pelo caminho. Não tenho intenção de resgatá-las. Mas quem sabe cheguem, algum dia, também à praia, de carona em alguma garrafa náufraga. Há nomes reais, trocados ou omitidos. Algumas situações foram dramatizadas.

Tanta água!

OUTUBRO DE 2012. NA TV DO AVIÃO, UMA GAZELA, UM VEADINHO saltitante. Um cervo galhudo, traseiro roliço, ondeante. No lago, um cisne, narciso embriagado com a multiplicação infinita do espelho. Gavião. Ninho enorme de gravetos bem no cocuruto da árvore. Montanhas nevadas. *Wonderful world!*

Pularam a parte da gazela comida pelo urso, pelo tigre. Sei lá qual o feroz carnívoro do topo dessa cadeia alimentar. A parte que a mãe do Bambi cai no precipício. A que o cisne branco é atingido por disparos a esmo feitos por espíritos de porcos em andanças pela floresta encantada. A do gavião à espreita assassina de qualquer carne que se mexa camuflada de folha. A da mulher encontrada morta, nua e estuprada à beira da estrada.

O rapaz da poltrona da frente olha pela janela e comenta com o velhote ao lado o descuido com que as bagagens são chuchadas na barriga do avião. O que viaja perto de mim, no meio, guarda o celular no bolso do casaco sem desligá-lo. O gorducho da ponta se esqueceu de endireitar a poltrona. O comissário chama-lhe a atenção.

Alguém diz que passear em Orlando é bom, mas que Vegas é imperdível. Como, se só Elvis não morreu? Frank não canta mais lá. Nem Dean. Muito menos Sammy. Vegas é agora o piano de um milhão de dólares de Elton Yamaha John. É Céline Dion com o marido jogador compulsivo a tiracolo.

A Flórida é verde. Verde das matas nativas. Verde dos gramados bem cuidados das casas de condomínios para todos os gostos, bolsos e idades. Na região de Miami e Orlando, canais, muitos canais grandes e pequenos para drenagem do solo pantanoso. Lagoas escavadas para captação e escoamento das chuvas.

Julho, agosto, setembro e outubro são meses de tempestades e furacões. São dias de janelas fechadas para segurar o frescor e reduzir a umidade, de ventiladores ligados para o ar circular. Em outubro, o calor dos dias e das noites vai se amenizando, mas o ar-condicionado central das casas ainda está ligado. Aos poucos, nuvens baixas, sempre carregadas, vão dando lugar a um céu de algodão de fundo muito azul. As ruas dos condomínios e as estradas que os contornam enchem-se de corredores, ciclistas. Em dezembro, janeiro, fevereiro e até mesmo março, quando o inverno entorpece Nova York, a Flórida é o paraíso.

O avião dá um solavanco. Descolamos da pista entre silhuetas de palmeiras negras contra a luz do sol que morre. Olha lá a estrada e tanta água em volta. Outra estrada e mais outra. Água por toda parte. Tudo parece no lugar certo, na altura certa, na velocidade certa. O mundo perfeito, neste instante, é a Flórida vista do avião enquanto o céu do fim de tarde se incendeia.

Maçãs do paraíso em papel de seda

AGORA, AVISOS SOBRE SEGURANÇA DE VOO. PELO QUE ME consta, ninguém foi encontrado vivo, no oceano, amarrado ao assento flutuante. Fecho os olhos. Pela manhã, o ciclone nascido no Caribe foi elevado à categoria de furacão ao chegar à Jamaica, onde Júlia e a irmã mais velha, Anita, levadas pelos avós americanos, passavam férias quando crianças.

— Como é a Jamaica, Júlia?

— Que nem Taguatinga, mas com mar.

Taguatinga, cidade do Distrito Federal, é feia pra chuchu, é o cão chupando manga. Feita de casas de quintais cimentados, de ruas comerciais poluídas por letreiros enormes. De asfalto sem bocas de lobo. Qualquer chuvinha faz das ruas rios perigosos. Na década de 1960, tempestades de vento e poeira deixavam tudo vermelho de fazer dó. Mas havia jardins e árvores nos quintais e em frente das casas da avenida principal.

As escolas não eram muradas, prisões. Havia as chácaras dos japoneses, logo depois do centro para se passear, colher flores e comer frutas de graça. Havia o Cine Paranoá com um saguão glorioso e cartazes enormes anunciando os filmes do mês. E, no mesmo prédio, atrás, o Apache para o sorvete do domingo. Ruas e prédios altos, mal-acabados, tomaram conta de tudo.

Chegava-se a Taguatinga por uma estrada sombreada de eucaliptos perfumados. E, pelas janelas abertas dos ônibus, o vento trazia notícias de caminhões estacionados para a venda de abacaxis dourados e maçãs-do-paraíso em papel de seda roxo. A via expressa acabou com o que restava de sombras, cheiros e poesia. Entre a Esplanada, o Eixo Monumental e Taguatinga, outras cidades foram criadas sem cuidados. Frutos do arbítrio, do descaso pelo futuro. Brasília não é mais um avião solitário em meio ao cerrado do Planalto Central.

Não escapo do que vivi

AS MENINAS JÚLIA E ANITA VIRARAM GENTE GRANDE E MORAM em São Paulo. Poderia passar horas contando nossas vidas juntas. Viagens a Goiás Velho, Pirenópolis, Arraial d'Ajuda, Trancoso, Porto Seguro. Feira de Trocas e a casa da Fatinha, a artesã das palhas de milho, em Olhos D'Água.

Andanças pelas superquadras, tropeços em pedras soltas, em raízes, horas de sorvete, de caras e caretas para fotos. A aventura de Anita, crescida, pelo mundo do cinema. De Júlia, criança, agarrada às pernas do pai, implorando que não fosse embora.

Júlia, bem pequena, pressente que a mudança do pai para o prédio vizinho não duraria o suspiro de sua infância. Logo ele voltaria aos Estados Unidos com outra mulher também brasileira. Teria outra filha. E, enquanto pudesse, ela retardaria, pela eternidade de alguns minutos, a saída dele de casa, mesmo que precisasse se comportar feito cachorrinho com os dentes grudados na barra da calça do dono.

Lembranças doem tanto. *Sobrou desse nosso desencontro um conto de amor sem ponto final*. Não há nó suficientemente forte que nos amarre para sempre ao maior amor do mundo: o meu amor por você. *O anel que tu me destes era vidro e se quebrou. O amor que tu me tinhas era pouco e se acabou*. Amores vão. Amores em vão. Crianças crescem. Amigos morrem e morrem mais ainda na virada dos 50, na virada dos 60.

Posso ignorar a TV a bordo. Mas não escapo do que vivi. Cenas chegam aos borbotões, desconexas, sem edição, sem tratamento de imagem. Trêmulas. Nuas e cruas. Também requentadas, retemperadas, disfarçadas. Elegantes ou maltrapilhas, tão verdadeiras quanto delírios. Fragmentadas. Resolvo não lutar contra esse filme sem possibilidade de roteiro definido. Com tantos começos, meios e fins.

No mundo da lua

POINCIANA OU ACÁCIA RUBRA, A *DENONIX REGIA*, ENCONTROU no francês, *flamboyant*, sua melhor expressão: esplendoroso, extravagante, flamejante, em chamas. O arbusto, de porte médio, e raízes agressivas, inimigas das calçadas, viajou na companhia de humanos, correntezas marítimas e ventanias desde Madagascar até a América Central, pra depois se espalhar em vermelho, laranja e amarelo, também pela Flórida, ao fim de cada verão. A umidade e o calor lhe fazem bem. Afasta a saudade da terra natal. Poinciana é o nome do coletivo de condomínios e também de casas isoladas construídas em parcelas de terrenos ajardinados e sem cercas, nas vizinhanças de Orlando e de Kissimee.

A amiga, que nasceu em Roraima, cresceu em São Luís do Maranhão e no Rio de Janeiro, amadureceu em Brasília e Paris, mapeou todo o Araguaia em caminhadas de meses. Mora, hoje, em Poinciana. Deixou seu reino, às margens do Xingu, o rio de tantas aldeias, e se consola entre livros da biblioteca que levou na mudança. A amiga aportou na Flórida como aportaram os integrantes da corte de Dom João VI no Brasil: com baús de livros, diários, rendas, cambraias, usos e costumes.

Ela está de pé, em posição de alerta, entre a escrivaninha e uma das estantes da biblioteca. Levantou-se abruptamente depois de conferir *online* as notícias da manhã. Fala e seus olhos de águia percorrem batalhões de livros perfilados segundo hierarquia muito própria. Ajusta a mira no alvo escolhido como o pintor diante da tela com o pincel em suspenso lambuzado de tinta. Quando menos se espera, pimba! Eis a pincelada que dá luz à perspectiva desejada.

A amiga faz suspense. Quando penso que já desiste, move-se e pinça, certeira e rápida, o que procura, como o gavião agarra a salamandra sem sequer abandonar o voo. E diz:

– Olha aqui, nesta página tem uma definição adequada do que você tenta dizer.

– Lê o trecho sublinhado horas antes, dias antes, meses antes. Ou seriam anos antes? Escuto e já não escuto a amiga. Não consigo estabelecer a ponte entre o que eu verbalizava e o que ela lê e diz que traduz, nega ou me enfatiza.

O pensamento da amiga foi forjado na controvérsia. Ela dá valor, peso e medida ao que é dito em casa, à mesa de bar ou entre gôndolas de supermercado, como se estivéssemos em debate na CNN, na GloboNews. Como se estivéssemos falando a multidões. Como se estivéssemos em alguma mesa-redonda da ONU, em alguma das audiências em tribunais internacionais. Cerro os olhos. Abro os olhos. Fixo os olhos no nada. A amiga diz que tenho apneia. Por isso, a sonolência recorrente. Não respondo. Voo.

Já nem me lembro do que eu disse e motivou a caça ao livro, a abertura dele naquela página exata e a cuidadosa leitura da amiga escandindo cada palavra. Presto atenção de novo. E a amiga diz, de novo, que sofro de apneia porque "viajo", me ausento nas conversas.

Minha mãe, quando eu era criança, estalava os dedos na tentativa de perceber algum movimento nos meus olhos vidrados, fixos em um ponto imaginário. Pisco. "Mais um no mundo da lua aqui em casa", diz com desconsolo na voz. Depois, certa de que me tirou do devaneio, suspira desde o estômago e vai cuidar do que fazer.

"La vie en rose"

ORLANDO, NO INÍCIO DE OUTUBRO, AINDA É UM FORNO. CALOR igual só em Manaus. Só em Macapá. Só em Belém do Pará. A Flórida é irmã desse mar verde, dessas águas equatoriais. O ar, seis meses do ano, pesa de umidade. Do final de outubro até abril e maio, mais leve, mais seco. Chega a fazer bastante frio.

Quando o calor arrefece, o trânsito de Ponciana fica barulhento. Pode-se dirigir de janelas abertas e quem anda nas calçadas recebe a enxurrada de sons alucinantes e diversos vinda dos carros nunca em velocidade além da permitida.

Passamos, minha amiga e eu, por uma escola de ensino fundamental no horário de saída das crianças. Ônibus escolares amarelos, aqueles que vemos no cinema, estavam lá para a tarefa de sempre. Mesmo assim, havia muitos carros estacionados nas imediações, em lugares proibidos. Mamães, papais e avós à espera de suas crianças. Bagunçam todo um sistema tradicional de transporte.

Conto oito igrejas evangélicas à beira da estrada de acesso ao aeroporto de Orlando, quando se vem de Kissimmee. Estranho tantas em uma área de baixa densidade demográfica. E a caminho do aeroporto. Mas deve haver uma razão. Ela diz que os terrenos são baratos por ali. Por que ter igrejas onde ninguém mora? Devem apostar em paradas dos que têm medo de avião.

A amiga canta "La vie en rose". Olhos semicerrados e coração batendo às margens do Sena, sem esperança de que o marido americano a acompanhe, um dia, em passeios pela Rive Gauche. Ele não

quer conhecer nem Nova York. Foi ao Brasil por amor a ela. Conheceu Brasília, Rio de Janeiro e São Félix do Xingu. Já lhe é o bastante.

Confiro o bilhete Miami-Brasília. Falta o número do portão de embarque. Lá vamos para a baldeação, como se dizia nas viagens de trem ou de ônibus da minha criancice e adolescência. Minha primeira viagem de avião foi aos 23 anos. Só aos 20 anos conheci o mar, o de Santos e Guarujá, e estava chovendo muito. Só aos 29 atravessei o Atlântico.

Pontas de vidro, aço e algodão-doce

O AVIÃO SACOLEJA. O AVISO DE APERTAR CINTOS PISCA. É preciso colocar a poltrona em posição vertical, informam da cabine. O piloto diz que a turbulência é aquela anunciada já na partida de Orlando e meu pensamento mergulha, de novo, em um céu cheio de cacos de lembranças. Meteoritos mínimos com pontas lascadas de vidro, de aço, com pontas de algodão-doce, favos de mel e vinagre. Não consigo, não quero deles desviar-me.

A amiga passou, ontem, respondendo mensagens de Feliz Aniversário pelo Twitter e pelo Facebook. Leva a sério a interação com seus grupos informais de discussão. Está ali em Poinciana e está na Esplanada, na Praça dos Três Poderes, em Washington, no Xingu. Acompanha os debates Obama x Mitt Romney. No primeiro, Obama estava irreconhecível, condescendente demais. Nos outros dois, bem posicionado, rápido no gatilho. Acompanha também o julgamento pelo Supremo do maior caso de corrupção documentado de toda a história brasileira, o Mensalão.

O império está em toda a parte e nós estamos no coração, nas vísceras dele. Não existe periferia nesse mundo ligado por celulares, *notebooks*, *tablets*. Olho pela janela do avião que, agora, enfim, já voa bem baixo. Luzes de Miami se aproximam e são em linhas retas, curvas, círculos completos que interagem. O pouso é suave. Me arrependi de não ter fotografado a placa "Welcome to USA", na chegada do Brasil. Achei tão *friendly*!

Sandy, neste momento, varre Cuba, desde Guantánamo. Para acessar o *skytrain* que me levará ao portão de embarque para Brasília, tenho a opção de elevadores e escadas rolantes que parecem infinitas. Prefiro as escadas. Cubanas de bundas empinadas apertam o passo. São mulatas de formosura repleta de formas, cheiros, pelos nos sovacos. Aprendi a identificá-las em Poinciana. Desfilam morenice brejeira em caminhadas rápidas quando é de

tarde. Têm cinturas bem marcadas e ancas provocantes mesmo sob saias largas.

Nos portões, 20 a 24, só se ouve português do Brasil e espanhol nos mais variados sotaques. Em meio ao tumulto, arranjo um lugar para a espera do embarque. Passa por mim uma garota muçulmana. O véu islâmico esconde-lhe os cabelos. Tem um jeito muito peculiar de ser, ao mesmo tempo ocidental sem negar publicamente origem e fé. Véu, jaqueta *jeans*, calças colantes e botas.

Pais e seus bebês passam sem pressa. Na verdade, arrastam-se cansados. Carregam grandes sacolas com estampas do Mickey e da Minnie. Um desfile de brasileiros de todas as idades com o *look* que os identifica de longe: tênis claros, camisetas e agasalhos GAP. A amiga de Poinciana tem uma bolsa Céline que a mãe comprou em Paris há décadas. É violeta e, no fecho, a plaquinha com o nome da grife, bem pequena, brilha dourada.

Chove lá fora

A COMPANHIA AÉREA ANUNCIA DE REPENTE: 800 DÓLARES DE crédito-viagem mais hotel e refeições para quem desistir do voo e retornar ao aeroporto no mesmo horário, no dia seguinte. Precisa de quinze voluntários. O avião está muito pesado. Imediatamente uma longa fila se forma. Muitos desistem ao entender, enfim, que não eram dólares *cash*.

Passa uma mulher de salto altíssimo dirigindo um daqueles carrinhos que transportam gente entre terminais. A quarentona feia, sentada ao meu lado, não para de falar. A moça que a acompanha sai de fininho. Vai carregar o celular.

Dona Matraca oferece chocolate. Ninguém aceita. Ela faz cara de sofrimento. Implora: "Me ajudem acabar logo com isso!". Ninguém se comove. A lourinha, em frente, fecha-se no livro e se esconde da desolação do momento, encolhida na poltrona.

O embarque, enfim, começa. Na fila, converso com dois que me parecem estranhos à fauna. São funcionários dos Correios. Participaram de seminário sobre Gestão Empresarial em Miami. Um deles também professor da Universidade de Brasília. Já a bordo, novo aviso. As bagagens de mão precisam ser acomodadas rapidamente nos espaços reservados para isso ou embaixo das poltronas. Se o processo demorar, vinte passageiros serão retirados da aeronave. A palavra é exatamente esta: "retirados". Não informam qual o critério para a escolha dos passageiros que terão a viagem interrompida, nem como os obrigarão a se retirar. Rapidamente, em silêncio, todos resolvem o problema.

Choro de criança entediada. Poucos casais jovens. O voo é de sexagenários, de cinquentonas, quarentonas viciadas em compras. Tem gente que veio de Nova York, de Washington, Vegas para a conexão de Miami. Todos compradores. *Chove lá fora. E essa saudade enjoada não vai embora.* A amiga de Poinciana sonhou envelhecer numa biblioteca com grandes janelas para um jardim. O sonho *came true* em Poinciana. Longe de Brasília. Mas nem tão longe de Boa Vista, onde nasceu. – Nasci no Hemisfério Norte, meu destino estava traçado – diz. De Boa Vista faz tempo que se pode ir a Caracas e de lá para Miami e toda a Florida.

Tartarugas correm

A AMIGA QUER CONHECER O MISSISSIPPI E TODO O *BLACK BELT* americano que serpenteia por treze estados e centenas de condados. Visto da Flórida, esparrama-se lateralmente até o Texas. Subindo o mapa, chega a Virginia e Maryland. O Natal, passa com o marido em uma cidadezinha do Maine, coberta de neve. Lá tem amigos e parentes. Antes tem o Dia das Bruxas e o Dia de Ação de Graças. Ela diz gostar de rituais. Comemora o nosso Dia da Pátria, o Dia da Independência Americana e o da Queda da Bastilha.

Fez um jardim com as próprias mãos e o ronda várias vezes por dia para respirar o ar não condicionado e registrar o comportamento da fauna e da flora nativa ou plantada. Samambaias são nativas, também a coleção de flores, menos os amores-perfeitos que exigem cuidados especiais. É sempre picada por algum bicho. Formigas que deixam um rastro de bolhas ardidas. Borrachudos.

Essa Flórida é pantanosa. Hoje vimos uma tartaruga correndo. Correndo, repito. Atravessava o asfalto quente da Koala Lane em busca de água e comida. Antes da Koala Lane tem a Jaguar Lane, precedida pela Hamster Lane. Todas têm saída para Tiger Road. Tem a Gazele Drive, rua de cubanos. Na fresca da tarde, é a única com alarido de crianças e gente fumando nas varandas.

Os atendentes do Wall Mart de Ponciana são quase todos de Porto Rico. Mas a mulher que cuida do provador de roupas feminino é egípcia. Nunca tinha visto gente do Egito, ao vivo e em cores. No Wall Mart eu vi. Lá se encontra de tudo. Muito baixinha e de olhos esverdeados, a egípcia do Wall Mart. Queria que eu escolhesse a blusa vermelha. Comprei a preta. As roupas de puro algodão são do Egito. As outras vêm da China, do Vietnã e das Filipinas. Os Estados Unidos são um enorme entreposto comercial do mundo todo.

Estradas levam aos homens

O AVIÃO TAXIA PELO AEROPORTO DE MIAMI. A POLTRONA DO MEIO da minha fila tripla está vazia. Obrigada a você aí que optou pelo *voucher* de 800 dólares. O avião acelera e já trepida. Agora decola. Vejo hangares, muitos aviões estacionados. Parecem de brinquedo. A cidade é feita de luzes brancas, amarelas e azuladas... e muita água.

Pontes, estradas, ruas, casas, edifícios, canais desfazem-se em infinitos colares de pérolas luminosas. Nuvens gorduchas enfeitam ainda mais a paisagem. Ganhamos altura. Me despeço das luzes, me despeço do que é terra. O avião penetra o escuro.

A primeira vez que sobrevoei Lisboa à noite vinha de Londres, em 1979. Lisboa também é feita de colares plantados à beira d'água. E me lembrei de quando li *Voo noturno, de Antoine de Saint-Exupéry.* Para cada luz que via acesa na noite veloz adentro, o piloto solitário contava uma história. Lembro-me de uma: a mãe a velar o sono do filho.

"Todas as estradas levam aos homens" é uma linha do livro desse escritor que tinha paixão por céu, estrelas, planetas mínimos e desapareceu em missão, já no final da Segunda Guerra Mundial. Saint-Exupéry também escreveu *Terra dos homens* e *O Pequeno Príncipe*, coitadinho, relegado ao nicho de leitura brega por ser o preferido de dez entre dez candidatas a Miss. No Brasil é assim: obras são apreciadas ou depreciadas em função de quem as lê ou, no caso de música, de quem as canta.

E me lembro da noite de lua cheia, quando eu e outros jornalistas vindos de Aracaju num pequeno avião até Salvador, soubemos o contorno exato do mapa daquele pedaço do Brasil. Antes de atravessar o Atlântico, pela primeira vez, de dia, vi da janela do avião da Varig o São Francisco desaguar no mar. O avião fez escala em Recife antes de nos deixar — fevereiro de 1979 — em uma Londres soterrada pela neve e por montanhas de sacos negros de lixo.

O governo trabalhista naufragava, corroído pela agitação social e pela oposição ferrenha comandada por Thatcher. O navio britânico, enferrujado por anos de socialismo, passaria por uma recauchutagem conservadora que, primeiro, quase o levou a pique. Avisos de greve por toda a parte, até na entrada do Taj Mahal de Brighton. Tudo maximizado por dias de inverno que nem chegam a ser claros, mesmo ao meio-dia, e escurecem completamente às quatro da tarde.

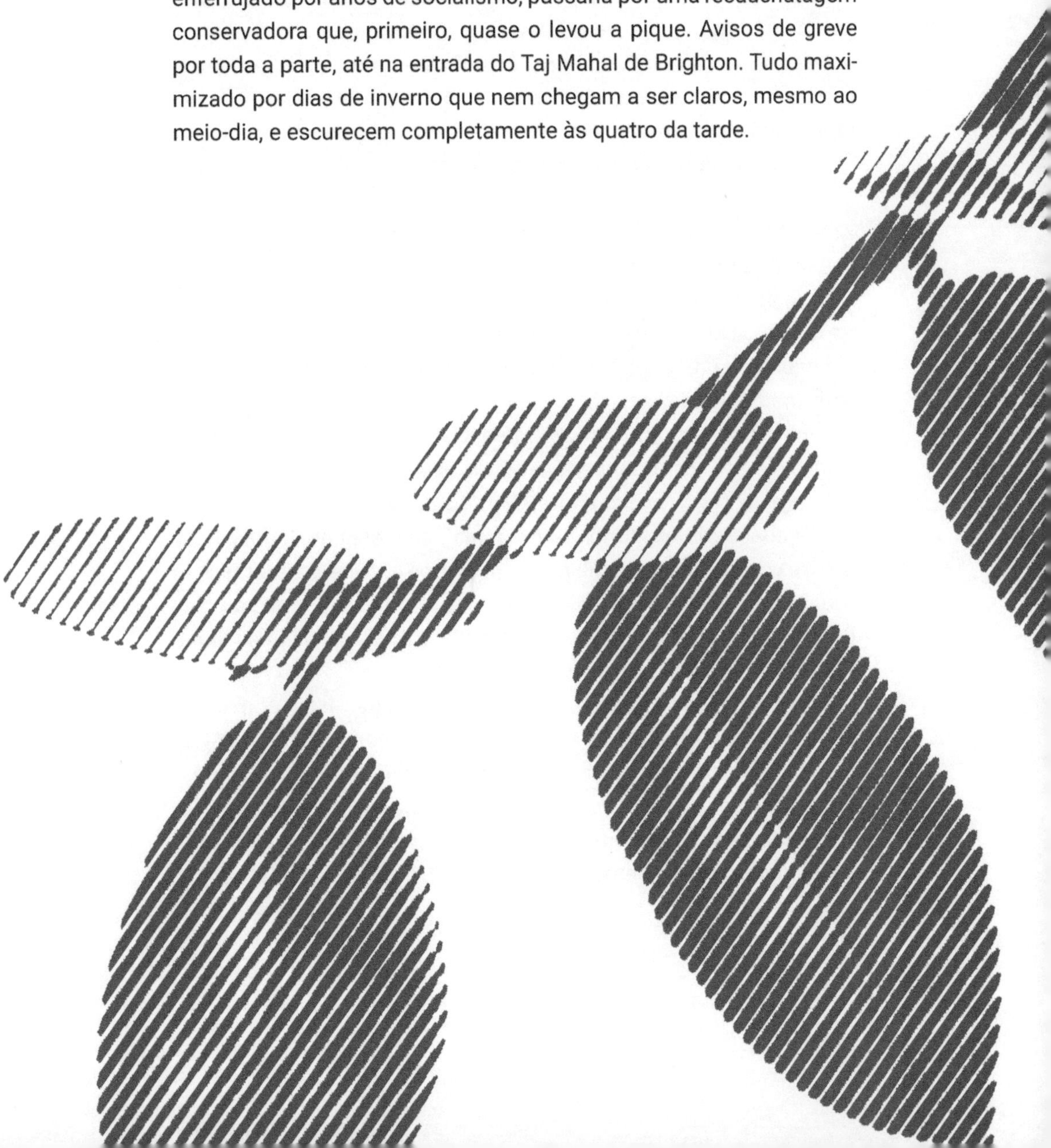

"Are you American?"

TENHO TREZE ANOS E ENCERO O CHÃO DA CASA DA MINHA madrinha, em Ouro Fino. Depois passo o escovão várias vezes. A última vez com a base encapada com flanela. Sexta-feira, dia de deixar tudo lustrado. Depois do banho, levo os primos menores para brincadeiras no jardim da Matriz. É 1963. Meus pais estão em Brasília. Levaram os meninos de três e seis anos. Outra mudança, outra tentativa de vida melhor. Minha irmã está na casa de um dos tios.

São seis horas, a hora mágica. Os sinos tocam e em seguida a "Ave Maria" de Gounod toma conta da praça. Uma senhora se aproxima: "Menina, oi, menina, quanto Dona Bela te paga? Você é tão limpinha, jeitosa com as crianças. Posso pagar bem mais que ela."

Depois de me recuperar do susto, respondo: "Ela não me paga nada não, senhora. Ela é minha tia e madrinha." A grã-fina gira rapidamente sobre os calcanhares. Dá uns passos e grita: "Não paga nada, não? Deveria."

Um dos comissários passa oferecendo formulários que, preenchidos, devem ser entregues por estrangeiros na chegada a Brasília. Estrangeiro nesse avião, onde? Opa! Aparece um. *"Are you American?"*, indaga o comissário. *"Oh! Yes, yes"*, diz a senhora loura que se diverte com a situação de ilha em um mar de nativos contentes com seus espelhinhos e apitos *made in* China. Leva as mãos à cabeça e faz chifres de diabinho. *"Yes, I'm American."* Duas garotas passam a falar em inglês com a maluquete.

As quarentonas e sexagenárias vindas de Vegas estão com a corda toda. Foram também ao Grand Canyon e a Los Angeles, onde se divertiram em brinquedos de um grande parque. Em Vegas viram a Torre Eiffel, Veneza e seus canais e gôndolas. Viram um grande navio pirata. E, claro, fizeram compras. Estavam todas de chapéus até que bonitos para o inverno europeu. De feltro e abas caídas.

O grilo falante continua com a mesma disposição da sala de embarque. Não se cansa, feliz com o som contínuo da própria voz estridente. Procura conversa com quase todo mundo a bordo. No avião, tem gente de Céu Azul e de Pedregal, bairros de Valparaíso e Novo Gama, cidades no entorno do Distrito Federal.

A sem-noção conta, outra vez, agora bem perto de mim, que este ano já esteve umas tantas vezes nos Estados Unidos. Que em fevereiro assistiu, em Vegas, a *The Million Dólar Piano*, o show do Elton John. Gostava dele quando cantava "Daniel is traveling tonight on a plane. I can see the red tail lights heading for Spain". Faz tempo. Segundo a lenda, Elton cantava para um namorado espanhol. O letrista Bernie Taupin diz que há muitas interpretações erradas sobre a letra, que *Spain* está nos versos para rimar com *plane*. É apenas uma canção para alguém que quer ficar em paz. Foi inspirada em uma notícia de jornal sobre o retorno de um soldado americano do Vietnã. Taupin imaginou que ele não queria ser tratado como herói. Só voltar para a fazenda da família e seus cavalos.

Desta vez, a muambeira falante não procede de Vegas. Pelo que ouvi antes, ficou hospedada no entorno de Orlando. E tinha ônibus especial que pegava a turma dela na porta do hotel cada dia para um *outlet* diferente. Puta merda! Se essa mulher perguntar meu nome, vou dizer em português que não falo português. Vai ser inconveniente assim onde Judas perdeu as botas, onde o vento faz a curva. Vou fingir que durmo.

Digressões sonolentas

MINHAS LEMBRANÇAS SÃO DIGRESSÕES SUSTENTADAS PELA sonolência imposta pelo voo. Continuo a anotar pedaços do que me vem à memória para que nada se perca. Como ordenar pensamentos que contam nossa vida e a dos outros? Pensamentos que nos chegam sem pesos e medidas, livres, leves e soltos, trazidos por ventos suaves, às vezes tempestuosos, vindos de várias direções ao mesmo tempo? Do norte, sul, leste, oeste? Pontos cardeais e também cardinais?

Longitudes, latitudes, fusos horários, hemisférios. Linha do Equador. Mares. Oceanos. Cidades, países, continentes. Planetas, estrelas, constelações, galáxias. Toda essa ordenação cósmica, inventada pelos homens para explicar o inexplicável.

Todo conhecimento acumulado vale menos que um grão de areia para explicar por que estamos aqui e para onde vamos, se é que vamos para algum lugar depois de aqui existirmos. Se a Terra é apenas uma estação do metrô da nossa existência, socorro! Não acredito em canais com os mortos. Não quero me juntar nem aos que amei depois dessa vida, no Juízo Final, seja lá o que isso signifique.

Esta vida me basta. Não estou aqui a recreio, nem para ser feliz. Também não acho que vida é sofrimento, purgação, escola, estágio para outras vidas. Estou aqui. E vivo esse horror e delícia de ser.

Conhecimentos adquiridos têm datas de validade, mesmo aqueles que esbarram, por gerações, em muros intransponíveis. Quando superados nos obrigam a reformular o que dávamos por certo, a repensar. Mas aí penso que gosto muito, muito mesmo do meu *smartphone* e que posso ver todas as fotos que fiz dessa viagem, agora, e mando essas perguntas às favas. Não quero saber como são feitas, quero as coisas. Não me importa como o sinal da TV chega à minha casa, quero ficar zapeando.

Leitura tríplice

ATÉ AGORA NENHUMA TURBULÊNCIA MAIS FORTE DAS ESPERADAS e anunciadas pelo piloto, ao deixarmos Miami. Os comissários de bordo continuam saltitantes pelos corredores. Tamanha simpatia em voos prolongados nunca vi. Efeito Sandy? Cada vez mais nos afastamos do furacão. Será que os comissários sabem do que não sabemos e nos distraem como se distraíssem a si mesmos da desgraça iminente?

A velhota ao meu lado ronrona. Traz o cansaço da idade à flor da pele, nem é tão enrugada. Está bem vestida, cheira bem. Mas vejo uma velhota das antigas. Só falta o coque e os óculos de lentes grossas. Os comissários a tratam com deferência ou como portadora de necessidades especiais? Só largam o copo com água depois que ela o segura firme. Só depois que ela dá o primeiro gole, dirigem a atenção à passageira do lado: eu, a quem atendem rapidamente estendendo o braço com o copo, já com os olhos na poltrona seguinte. Devo me sentir lisonjeada ou reclamar da falta de atenção?

Nunca serei uma senhora de respeito. Sempre serei tratada com a displicência e o descrédito concedidos aos adolescentes. Ai, ai... Essa velhota mexeu com meus brios, como se eu os tivesse. Sou uma sem-vergonha, uma vira-lata. Quem amo me faz de gato e sapato. Não consigo seguir as ordens mais elementares, como a de deixar a porta do banheiro aberta na casa em que fiquei em Ponciana. "É por causa da umidade", diz a amiga.

Se a porta fica fechada, é fácil aparecer mofo nas paredes, no vaso sanitário. Eu me esqueço da ordem e fecho a porta do banheiro todas as vezes depois de usá-lo. E a amiga, de novo, enfatiza: "A porta

do banheiro é pra ficar aberta." Não faço nada direito. Sou desajeitada. Deixo pingar café e molhos na roupa, na toalha da mesa.

A amiga desistiu das toalhas de tecidos e bordados. Escarafunchou nos guardados uma mais resistente. Mas não desistiu de mim: "Duas semanas em Cuba não são suficientes para você estabelecer julgamentos sobre o que acontece lá. Tenho certeza de que as pessoas que te trataram tão bem nas ruas e no comércio de Paris não eram francesas. Você não andou pelas ruas Koala e Hamster, se a direção que você tomou foi a que me disse. Aqui, as ruas obedecem à ordem alfabética."

Esquece-se das paellas espanholas, as que misturam, no arroz, frutos do mar, frango, carne de porco e indaga impaciente: "Você come camarão, carne, assim tudo junto?" Não satisfeita, prossegue: "Você lê três livros ao mesmo tempo? Não obedece à ordem das páginas e vai lendo o livro de trás para frente, saltando capítulos, aleatoriamente!? Está na hora de você aprender a usar roupas mais combinadas. Você escreve bem, mas pare de pesquisar no Google. Tenho uma biblioteca aqui em casa com enciclopédias e dicionários."

Céus! Concordo. É de enlouquecer pessoas que leem três livros ao mesmo tempo sem seguir a ordem das páginas de nenhum deles. Pessoas que fazem pesquisas no Google. Pessoas que estão aqui, agora, e também no outro mundo. De repente, inacessíveis. Incoerentes.

Tender is the Night

OS ADOLESCENTES DO VOO FALAM MISTURANDO PALAVRAS EM inglês. A velha que se aboletou ao meu lado levanta-se. Bruxa cheia de roupas. Vai se despetalando. Rosa murcha. Seria mais próprio dizer que se veste em camadas. Uma bruxa do tipo cebola. O comissário passa apressado e juro que faz beicinho. É bonito. Usa topete. Passou oferecendo chafé. Assim mesmo: "Quem quer CHAFÉÉÉ?".

Uma das quarentonas vem de Washington. Viaja com uma amiga. Diz que ficaram dez dias só fazendo compras. "Mas lá não é tudo caro?", indaga alguém que acabou de a conhecer. "Não, tem *outlets* nos Estados Unidos inteiro."

Brasileiros são farejadores de *outlets*. Nada lhes escapa. Onde as amigas se hospedaram — elas pensam que é Washington, mas deve ser em Maryland ou Virginia — tinha uma *plaza* bem em frente. A *plaza* tem um *mall*. Era só atravessar a rua. A anfitriã deixou-lhes à vontade com a geladeira. Faziam a própria comida. Não gastaram com hotel e bem pouco com alimentação. A passagem foi barata. "Tudo que vai na bagagem é lucro. Olha, nem fizemos turismo. Washington só vimos de dentro do carro."

A garota de nariz empinado desfila pelo corredor. Uma, duas, três vezes. Nariz cheira-peido, diria meu pai. Na TV, Diane Keaton e suas roupas cheias de golas e mangas. Pensar que ela era bonitinha. Depois inventou essas roupas, esses chapéus. Inventou de ser decoradora. E agora se reinventa idosa chata de galocha.

Tender is the Night, a da minha lembrança, é em azul , prateada, imóvel, silenciosa. Uma casinha à beira d'água e um céu cheio de nuvens transparentes. É uma pintura pequenina que viaja sempre comigo. Esteve em todas as casas que habitei desde a infância. Vi meu pai primeiro rascunhá-la na tela e depois cobri-la de camadas e camadas de tinta que lhe deram luz e relevo.

"É tão calma a noite / A noite é de nós dois / Ninguém te amou assim/ nem há de amar depois / Quando o amanhã nos separar..." Gente, me lembro de quando o Moacir Franco era só um cantor. E eu gostava dele.

A gororoba do avião já foi devidamente traçada por passageiros famintos, inclusive eu. Opção: frango ou massa. Fiquei imaginando que o frango viria branquelo e sem gosto. Pedi massa. Comissários passam em dobradinha: um despeja no copo plástico o café instantâneo, o outro joga água quente. O primeiro volta a atuar: mexe e remexe tudo com frenesi. Oferece ao passageiro: "Leite? Açúcar? A-do-çan-te?"

Bandejas de folhas de bananeira

AS ÚLTIMAS HORAS DE VOO MIAMI-BRASÍLIA NÃO PASSAM NUNca e eu me abstraio do que acontece entre poltronas, corredor e janelas, em mergulhos no mar dessa vida. *E nele sou um barco a vagar, onde está teu olhar, onde está teu sorriso e aquele lugar.*

Viajar é bom para quem pode voltar. Eu sempre volto e nunca encontro o que quero, nem o que preciso. Aprendo a aceitar o disponível. O mundo é redondo. "Caminhemos, talvez nos encontremos no mesmo lugar. Vida comprida, estrada alongada."

A primeira vez que sobrevoei a Amazônia baixinho, devagarinho a ponto de ver clareiras nas matas, campos de pouso grandes e pequenos, foi num Buffalo. Encontro das águas negras e claras numa grande pororoca. Faz tempo.

É início da década de 1980 e começo a conhecer o Brasil, ter noção mais exata de seu tamanho e diversidade. O ministro da Agricultura, Amaury Stabile, está sempre viajando e um séquito de jornalistas o acompanha. Depois de conhecer, dos céus, as cores que o infinito verde amazônico tem, navegamos o rio Negro. O governo inaugura mercados flutuantes da Cobal e em cada vila ribeirinha a chegada do barco é uma festa política. Começo a saber os sabores do Norte, a textura de seus peixes, as cores de suas farinhas, os jeitos de se apresentar comidas em bandejas de folhas de bananeira.

A imprecisão me guia

NA ASA, À MINHA ESQUERDA, A LUZ SOLITÁRIA ILUMINA UM grande A vermelho e outro A, do mesmo tamanho, azul. O logo da companhia aérea navega o escuro do céu. E as lembranças passam como em tela de cinema, iluminadas pelo pisca-pisca contínuo.

Repasso imagens rebobinadas da janela do meu *flat* em Haia. É verão. Dois velhos no jardim aproveitam o sol. Almoçam sanduíches frios com chá e silêncio. É assim que almoçam por lá. Almoço e café da manhã são quase iguais. E o jantar é às cinco, no máximo às seis e meia.

Agora, em outubro, na Flórida, foram três semanas de comida do jeito americano com toques brasileiro, francês e italiano, que a amiga também é poliglota na cozinha. Churrasco de hambúrguer e salsicha servido na varanda. Era para ser no jardim, mas fazia muito calor. Foi no Columbus Day. Dia de piquenique.

Também os americanos jantam cedo demais. Nunca vamos entender esses povos do Norte. Pelo menos em questões culinárias. E isso de comer em pé ou andando, no caminho da escola ou do trabalho, definitivamente, não é coisa de Deus.

Minha amiga é precisa nas ideias. A imprecisão me guia. A informação pela metade. Desconexa. Enviesada. Cheia de entrelinhas. A amiga não consulta o Google, mas livros e dicionários. Eu uso o corretor automático que me induz a erros. Mas volto e corrijo na marra, quando percebo, quando posso. Não escrevo direito por linhas tortas, nem retas. Escrevo. Nunca mostrava o que escrevia. Nunca estava profundo o suficiente. Nunca era suficientemente diferenciado. Escondi meus poemas de juventude. Passaram-se os anos. Jornalista, perdi o pudor.

Jornalista, profissão repórter

Construímos frágeis
castelos de cartas,
arranha-céus de
palavras fincados
na fina crosta que
esconde o fogo que
alimenta vulcões
e faz ferver o mar.

Sou a minha história e as que invento

SOU A MINHA HISTÓRIA E A DOS QUE COMIGO VIVEM E VIVERAM, as dos que viveram antes de mim e daqueles que me sobreviverão. Somos tudo, somos quem pergunta e quem responde. Quem fere e é ferido. Quem dobra os sinos e por quem os sinos dobram.

Carregamos na carne, no sangue, no coração, estômago, intestinos a prima matéria de tudo que nos rodeia, vive, viveu e morreu para que aqui estivéssemos. Seres caminhantes. Filhos do caos, as estrelas nossas irmãs.

Nossa tradução em pedra conteria peixes, moluscos milenares, o mistério da vida. Em vazio, conteria estrelas, a viagem da luz. Nossa tradução em paisagem seria deserto, herança de mar antigo, impávido ao trânsito ancestral de caravanas nômades, à esperteza de lagartos em busca de umidade, ao desenho dos vendavais e de brisas preguiçosas, ao esquecido inscrito em conchas e corais, à embriaguez de camelos perdidos; ao oásis, miragem escaldante, tormento e esperança de beduínos e tuaregues.

Em música, nossa tradução seria a pausa que torna possível a melodia. Cultuamos jardins perdidos para sempre, os do Éden e os suspensos da Babilônia; cultuamos desertos terrenos, lunares, vestígios de rios e oceanos na superfície de Marte: memória do que foi, oráculo do que será.

Destino selado

AQUI, MUITO BEM COMPOSTA, DE TERNINHO VERDE-ÁGUA. De aliança de casada bem visível para enfrentar um mundo ainda quase que exclusivamente masculino. A serva de Zeus autoriza minha entrada ao Templo. Meus olhos cegam-se de luz, minhas pernas tremem. Enfim, o meu lugar nesta vida: a Sala de Redação.

É no segundo andar do Edifício Denasa, Setor Comercial Sul, a um pulo da Esplanada dos Ministérios, da Praça dos Três Poderes, na sucursal do *Jornal do Brasil*, em Brasília, a primeira estação de trabalho. Sim, estive sempre certa: reconheceria o porto ao encontrá-lo, mesmo no breu, mesmo sob as chuvas raivosas ou à luz ofuscante do meio-dia, às vezes impiedosa, do Planalto Central. Cheguei. O coração para por um momento e, logo depois, começa a saltar feito louco.

Mesas com máquinas de escrever barulhentas, telefones que fazem trins-trins, pastas de matérias arquivadas, manuais de redação, jovens de ternos bem cortados tentando impor-se aos já muito experientes de retinas cansadas, nós de gravatas afrouxados, respiração dificultada pela nicotina e pelo tédio, diante de um telex de metro e meio recém-chegado. Em lugares assim, cheirando a papel, barulhentos, rádio e televisão ligados, regados à adrenalina dos prazos de fechamento de mais uma edição, minha morada profissional nas próximas décadas.

Redações levariam algum tempo ainda para se informatizar e se assemelhar às agências bancárias, como lamentou mais de uma vez João Saldanha. O cronista esportivo chega, um dia, à redação do *JB*, no Rio de Janeiro, e tudo, de repente, mudado. Ninguém fazendo bolinhas de papel com a lauda inutilizada pelo *lead* malfeito. Ninguém tentando acertar a lata de lixo com elas. E o barulho dos teclados dos computadores, mesmo daqueles antigos, não competiam com os das máquinas de escrever manuais ou elétricas. Passou a enviar as colunas por fax, de casa.

Manhã de abril, morna e azul de 1977, respiro pela primeira vez, o mesmo ar que Carlos Castello Branco, o Castellinho. Aquele que recebia telefonemas bajuladores de presidentes fardados ou não; que sabia unir, em suas colunas, o presente, o passado e o futuro; que aplacava a desesperança dos mais velhos e iluminava a mente dos mais novos. É ele ali, pequenino, reinando silencioso, no corredor ao lado, em direção a sua saleta exclusiva.

Luiz Inácio, o chefe da hora, me cumprimenta sem levantar a cabeça da matéria que copidescava.

— Sim, você é a ...

Atende o telefone. Não me manda sentar. Não me sento.

Novamente, sem me dirigir o olhar:

— Olha, vá ao fundo da Redação, à esquerda... lá perto daquele rapaz ao telefone. Abra o armário, pegue a pasta da Teresa Cardoso, a melhor estagiária de Política que tivemos até hoje aqui. Leia as matérias com atenção. Se você acha que é capaz de fazer metade do que ela fez, o lugar é seu. Se você acha que dá conta, nem precisa passar aqui pela minha mesa novamente. Diga ao Kleber Praxedes que começa amanhã, que ele te liga à tarde e lhe passa a pauta.

Destino selado.

Um olho na lauda, outro na concorrência

O PAUTEIRO, DUBLÊ DE SECRETÁRIO DE REDAÇÃO, ME LIGA.

— Apresente-se, no início da tarde, amanhã, no Ministério das Comunicações, ao assessor do ministro Quandt de Oliveira. Diga-lhe que você é a nova repórter do *JB* para a área.

— Hummmm... Não é melhor você ligar pra ele, não?

— Não, tô cheio de coisa pra fazer aqui. Você pensa que cuido só do Jornal? Cuido da Rádio também e do dinheiro do táxi.

— Táxi?

— É, o costume é passar aqui na redação. Se não tiver motorista pra levar o repórter ao destino, dou o dinheiro do táxi.

— E a pauta?

— Ah! deixa eu ver, a pauta... A pauta é só indicativa, tá? Você tem que se virar, ver as audiências do ministro, assistir ao *briefing* do porta-voz lá pelas quatro horas, se enturmar com os repórteres da área, vigiar o que eles tão fazendo. Se a sala de imprensa estiver vazia, sinal de alerta. Mexa-se.

— Faço o quê?

— Corra e veja o que outros estão fazendo. Um olho na lauda e outro na concorrência. Fiquei sabendo que o teu marido é do *Globo*. Conheço bem a peça, a gente nunca sabe o que ele anda aprontando. Pra todos os efeitos, por enquanto, vou fingir que não sei que ele está cobrindo a mesma área.

— Sim, mas a pauta...

— Tem uma missão de Cabo Verde visitando o Brasil. Vai ser recebida pelo Quandt. Veja isso. Te vira! Outra coisa, a última matéria é escrita aqui na Redação. E matéria depois das sete só entra se o Planalto pegar fogo, se o Congresso for fechado, se avião cair, tá bom?

— Hummm.... haammm... e?

— E ... o quê?

— Nada não. Tá bom. Até amanhã...

Um copo d'água que ela está passando mal

É DE MANHÃ NA UNIVERSIDADE DE BRASÍLIA E ESTOU CONcentrada na minha apresentação ao assessor de imprensa do Ministério das Comunicações. Todas as tardes acontecem *briefings*, a versão oficial do Ministério dos fatos do dia. Tenho que me apresentar antes desse ritual que acontece, mais ou menos no mesmo horário, em todas as salas de imprensa da Esplanada e Praça dos Três Poderes. Roo as unhas.

Início da tarde, na Redação do *JB* e, logo em seguida, no gabinete do assessor ministerial. A secretária, solícita:

— Ele diz que é pra você esperar um pouquinho... Senta aí!

Obediente, me sento. Pego a *Veja* da bolsa. Espero uma hora ou mais. Roo sobras de unhas roídas.

— Por favor, dá pra me anunciar novamente, acho que ele se esqueceu de mim.

— Não, não se esqueceu não, ele demora mesmo pra atender quem não conhece.

Sento-me e não tenho mais unha pra roer. Começo a ler a *Veja* de novo, de trás pra frente. Mais uns dez minutos e a secretária:

— Pode entrar, meu bem!

Entro.

— Sou a nova repórter do *Jornal do Brasil* para esta área. Aqui, minha carta de apresentação para a credencial.

— Hum, hum, qual área que você vinha cobrindo?

— Nenhuma!

— Nenhuma?

— É, nenhuma, é meu primeiro dia de jornal, estudo na UnB e estou fazendo estágio.

— Puta que o pariu! Isso não pode ser. Vou ligar pro doutor Nascimento Brito e informá-lo como a sucursal de Brasília trata este Ministério. Aqui é uma área técnica viu? Técnica! Pra entendidos! Como me mandam uma estagiária? Isso é um desrespeito para com o ministro.

— Bem, eu vou fazer o melhor que eu posso. Vou aprender.

— Não quero aqui ninguém que vá aprender. Quero alguém já sabendo. Este Ministério, o JB precisa entender, é importante. *O Globo* não me manda pra cá qualquer um, manda quem entende de economia.

De repente, se fez a luz. Agarro-me à tábua de salvação pra sair daquele constrangimento todo. Já estou mais vermelha que romã madura.

— Olha, eu sou mulher dele.

— Mulher dele quem?

— Do Zé Romildo, o repórter que o senhor está elogiando.

— O quê? Desse jeito você não vai longe, menina. Não sabe nem se apresentar e esse seu marido é um idiota mesmo. Em vez de me dizer que você começaria aqui hoje. Bastaria ter me telefonado. Vou te ensinar uma coisa. Em jornalismo, relacionamento é tudo, tu-do! Você, ao chegar, deveria ter dito à secretária que a repórter do *Jornal do Brasil*, mulher de fu-la-no de tal, queria falar comigo. Puta que pariu, te deixei esperando uma hora lá fora. Tome esse copo d'água. Acabaram de deixar aqui na minha mesa. Não quero ninguém passando mal na minha sala.

— Não, eu tô bem, eu tô bem... não se preocupe... vai passar, só tô com um pouco de falta de ar...

— Vem cá. Vou te apresentar aos outros repórteres. Tem uma que é flor em forma de gente e pode te ajudar bastante.

Saímos do Gabinete em direção à Sala de Imprensa. Eu, anã, ao lado do gigante malvado que abre a porta. No maior alarde.

— Olha, esta é a Jandira Gouveia, do *Estadão*! Ela pode te ajudar muito. Vocês não são concorrentes.

— Ah, eu tô sabendo, acabei de falar com o marido dela por telefone. *O Globo* já até mudou ele de área.

O assessor descontrola-se de novo. Põe as mãos na cabeça:

— Quem será que vai me aparecer agora pelo *Globo*?

Sem pé, mas com cabeça

NOS TRÊS ÚLTIMOS ANOS DA DÉCADA DE 1970, O BRASIL IMPLANtava grande programa de investimento interno na área de telecomunicações, o que implicava salto tecnológico e preparação de quadros técnicos. A estratégia era a de atrair países africanos nesse movimento desenvolvimentista como forma de ampliação da escala dos investimentos programados. *Business* gerando *business*.

Neste esforço de aproximação com a África, Cabo Verde era a convidada da vez. Entender o que os representantes dos dois países dizem na entrevista, logo depois do encontro com o ministro Quandt de Oliveira, é uma coisa, colocar no papel, outra. Faço uma espécie de relatório e peço um carro para me levar até a Redação. Chego ao térreo do Ministério e encontro o marido já descolado na profissão. Desmonto:

— Vou embora pra casa. Nunca fui tão maltratada na minha vida. Minha apresentação ao assessor de imprensa foi uma tragédia.

— Vai pra casa coisa nenhuma. Deixa eu ver o que você escreveu. Tá bom. Mas antes de entregar a matéria, vire ela ao contrário.

— Ao contrário?

— É, o *lead* tá no pé. Pegue o último parágrafo e puxe pra cima e tudo fica certo.

— Mas e o fecho? Eu acho importante dar um fecho legal.

— Clara, você não tá escrevendo uma crônica, nem um conto. Não é fecho, é pé. E ninguém se importa com o pé da matéria. Se o importante não estiver no *lead*, nas primeiras linhas, ninguém vai ler. O *lead* do *Jornal do Brasil* é de cinco linhas e não pode ser uma frase só, entende? Olha o carro chegando, vai embora que eu tenho muito que fazer.

— Mas a matéria fica sem pé?

— É. Sem pé, mas com cabeça. É assim e pronto!

No outro dia, pego o *Jornal do Brasil* e minha primeira matéria tinha saído duplamente, nas editorias de Internacional e na de Economia. Haviam cortado dois terços dela. A coitada estava sem metade do corpo, sem pernas e pés. Mas tinha cabeça. Aprendi.

O fim se escreve no começo

ENTREGUE E APROVADA A MINHA PRIMEIRA MATÉRIA, JÁ COMEço a achar que não seria repórter por um dia, mas a vida inteira.

Aliviada, circulo pela redação naquele momento mágico: todas as máquinas funcionando ao mesmo tempo. Gritos de *é pra quando? É pra já! É pra amanhã! Tá fechando, tá fechando! Não entra mais nada, nada!* Gente já pegando o paletó, combinando de ir pro boteco mais próximo...

Nisso, uma garota bastante simpática me puxa pro lado e me convida prum cafezinho na copa.

Fomos.

— E aí? É o seu primeiro dia aqui também, né?

— É.

— Como foi?

— Foi assim...

— Não escrevi uma linha...

— Eu até que escrevi, umas trinta.

— Quando me apresentei aqui, pedi pelo amor de Deus pra não me darem nada da área econômica para fazer. Quero ficar na editoria de Política.

— Ué, por isso que estranhei. Me disseram que eu iria substituir a Teresa Cardoso e ela fazia Política, mas depois me ligam e me mandam para a Economia...

— Você ficou chateada?

— Eu não, você é que teve mais sorte, conseguiu dizer o que queria fazer. Mas também... já me disseram que se a gente começa na Economia, faz qualquer coisa depois. Acho que pra mim tá bom assim. Vamos ver!

O tempo passa, o tempo voa! E como passa... e como voa! A colega estagiária, depois de passar pelo *JB*, outros jornais e televisões, hoje é consultora. Uma tarde ela aparece no Sebrae, onde eu

trabalhava, convidada para dar uma palestra sobre relacionamento com a imprensa. Começou a palestra assim: "Gosto de falar de pé. E, em algum momento, não reparem, vou tirar os sapatos, que assim me sinto mais à vontade!"

Pensei. Foi assim mesmo que ela chegou naquele primeiro dia de estagiária, tirando logo os sapatos. Bem à vontade! Terminada a palestra, digo para meu chefe que começamos juntas, como estagiárias, no *Jornal do Brasil*. E ele:

— Poxa! começaram juntas! Que bela carreira ela fez, não é mesmo?

Nós, jornalistas, a vida toda repórteres, operários de chão de fábrica, os que fornecemos matéria-prima para o noticiário em geral, para as pensatas dos colunistas, quem somos?

Voo de pato, longevidade de mosca

PRECISAMOS DE RESPOSTAS QUE NOS DEEM, DE IMEDIATO, ALguma ordem ao nosso caos interior; que nos acalmem até que o próximo caos se instale. De respostas que renovem perguntas para que possamos continuar nesse jogo de gato e rato, de cachorro correndo atrás do próprio rabo. De certeza, apenas a insignificância, a ilusão da descrição do fato e também o fato, do recorte cotidiano e recorrente do que entendemos como realidade e chamamos de notícia.

Jornalistas, é voo de pato o que escrevemos. O trabalho de um dia inteiro tem longevidade de mosca. Por mais que investiguemos, de concreto pouco temos além do visível a olho nu. Construímos frágeis castelos de cartas, arranha-céus de palavras fincados na fina crosta que esconde o fogo que alimenta vulcões e faz ferver o mar.

Grande é o poder das trevas e das luzes, das forças que habitam as profundezas e as alturas. Contam histórias sem começo nem fim. Histórias em estados sólido, líquido e gasoso. Histórias repletas de escuridão e de cacos luminosos, capazes de dar, de quando em vez, pra nossa sorte ou azar, um nó no tempo, fazendo que presente, passado e futuro, enfim, se encontrem para que possamos vislumbrar, mesmo que de relance, que tudo acontece junto: perdas e ganhos, alegrias e tristezas; chegadas e partidas. *Nada temos, nada somos. Na vida tudo passa. Ninguém é de ninguém, até quem nos abraça.*

Abraço de afogados

JORNALISTAS, AQUELES QUE QUE VÃO ALÉM DO FACTUAL DIÁRIO, são bons ouvintes, e também bons contadores de histórias. Com elas distraem incautos que acabam caindo em alçapões, planejados ou não. Jornalistas e fontes nunca são amigos, mesmo que cultivem excelentes relações. Se alguma informação escapa de quem deveria preservá-la, será publicada. Mais dia, menos dia.

Se tem conversa é porque há interesse mútuo. Os que escorregam em casca de banana, seja de que lado que estiverem da mesa ou do sofá, não podem reclamar de traições ou alegar arroubos repentinos de paixão, bebedeiras. O caminho da notícia é de mão dupla. Quem nele trafega precisa estar ciente de que pode perder a inocência pública, aquela para inglês ver.

Boas histórias serão, em algum momento, publicadas com nomes e endereços dos personagens. Muito do que se apura não tem liga imediata com o que acontece. Mas, de repente, adquire importância, força suficiente para vir à tona. Histórias boas ou ruins, bem ou mal apuradas, desmentidas ou confirmadas, fazem parte desse jogo de gato e rato, que se acarinham e se ferem. Jornalistas nunca engavetam para sempre o que interessa ao público. E não estou falando de interesse público. Jornalistas morrem abraçados ao seu afogado de estimação, se preciso for.

Em busca da verdade, a ilusão

"AS PALAVRAS SEMPRE ME SALVARAM DA TRISTEZA", DISSE Truman Capote. Desde que aprendi a mal traçar linhas, lá pelos meus quatro, cinco anos, acho que não passei sem escrever um só dia, mesmo rabiscos. Escrevia antes de saber desenhar as letras, de saber o som que elas tinham.

Escuto melhor quando anoto. Em tempos de *tablets* e celulares inteligentes, o bloquinho, a caderneta de anotações é ainda o complemento natural das minhas mãos. Mesmo quando não anoto, escrevo. Escrevo enquanto me arrumo para sair de casa ou dirijo. Muitos estranham minha rapidez em começar e concluir matérias. É que, antes mesmo de digitá-las, já estão escritas.

Escrevo para me livrar de obsessões. E funciona. Em arquivo eletrônico ou no papel, mesmo um resumo do que se pensa já nos liberta. Fica ali disponível para ser trabalhado mais adiante. Pode ser amadurecido, ampliado, cortado ou simplesmente jogado sem pena em lixeiras virtuais ou não.

Capote revolucionou o gênero romance ao tratá-lo como não ficção em *A sangue frio*. A ficção, no caso, ampara a realidade. Para chegar aos assassinos de uma família do interior dos Estados Unidos, armou uma estratégia que foi, basicamente, a de ouvir as pessoas do lugar, relacionar-se com elas. Saber como pensam e como contam os fatos. E as pessoas do lugar literalmente levantaram-lhe a história pretendida, deram-lhe consistência, o esqueleto que a vem mantendo para sempre de pé.

Há muitas histórias por trás da história trazida à luz como verdade. Muita verdade no que se inventa. Muita mentira no que nos é entregue ou percebemos como real. Muitas que jamais serão contadas. Sepultadas natimortas. Capote, para ouvir o que queria, precisou entregar alguma coisa. E entregava histórias de celebridades, artistas de cinema e cantores. As pessoas do lugar, embevecidas, confiaram-lhe o ouro que escondiam. Tudo é ficção, até a realidade. Capote era um ilusionista. Distraía para apurar a verdade para, depois, dela se perder.

Pelo avesso

MARLON BRANDO SENTIU-SE TRAÍDO POR CAPOTE E POR Bertolucci. Tanto o escritor quanto o diretor de cinema tiraram dele todas as verdades que puderam e um pouco mais. Viraram Brando pelo avesso.

O ator não renegou a entrevista que deu a Capote. Mas registrou o seu desconforto ao informar que achava estar conversando com um amigo, que chamou, depois, de baixinho canalha.

Fazia frio, a lareira estava acesa e ele acreditou que suas confidências se esvairiam pela chaminé do quarto do hotel de Tóquio, onde se encontrava para as filmagens de *Sayonara*. Foi em 1956, e Brando caiu no conto de Capote. Achou que estava mais ouvindo histórias do jornalista do que contando as suas.

Bertolucci, que dirigiu Brando em *O último tango em Paris*, disse em entrevista que depois das filmagens a relação entre os dois estava tão à flor da pele que ficaram décadas sem se ver.

Reencontraram-se em Los Angeles, e não trocaram palavra sobre o filme, realizado em 1972, que causou alvoroço pelas cenas de sexo explícito entre dois desconhecidos que se encontram, casualmente, em um apartamento para alugar. Ele, um homem de meia-idade, atormentado pelo suicídio da mulher. Ela, uma jovem, atormentada por não saber que rumo dar à vida.

Marina Silva, na campanha presidencial de 2013 também se disse traída pela repórter da *Folha de S.Paulo* que expôs em manchete suas fragilidades lacrimosas. Reclamou que pensava estar conversando com uma menina que vira nascer, filha de um quadro importante do Partido dos Trabalhadores, que carrega seu próprio nome como homenagem.

Mas a menina crescera, já profissional tinha informações de bastidores importantes que, casadas com as confidências molhadas da candidata, beneficiaram sua principal adversária, Dilma Rousseff. Só Marina não viu. Havia entrado em território inimigo, disfarçado de familiar, desarmada.

Quase um tango

EM PARIS, CERTA VEZ, SOZINHA, EM 1986, CAMINHEI DEMORADAMENTE por Passy. Procurei e achei o prédio do apartamento de *O Último Tango*. A amiga que me hospedava havia me dado as coordenadas. Fui de metrô, saindo da estação Cambronne. Neste trecho, o metrô é aéreo. Passa sobre o Sena. À direita de quem vai em direção ao Trocadero, a Torre Eiffel.

É das viagens mais lindas que se pode fazer por Paris, de dia ou à noite. Lembro-me, certa vez, vinda de Londres, pelo Aeroporto de Orly, da lua cheia refletida no Sena e a torre toda iluminada.

Voltei a pé de Passy. Quando passava pela Ponte Bir-Hakeim, fui perseguida por um negro alto e esguio, de terno claro, chapéu Panamá e inacreditáveis sapatos vermelhos. Tive que correr e, para despistá-lo, refugiei-me num restaurante.

O garçom, vendo minha aflição, aconselhou-me a caminhar por Paris, se sozinha, sempre com um cão pela coleira. Sem qualquer cão possível, precisei abandonar também sonhos acalentados de tomar sol nos jardins da cidade, relendo Zola e Voltaire. Ou fazendo nada. Sempre havia um desocupado não turista, não só negões de sapatos coloridos, tentando puxar assunto sem ser chamado.

Esperteza *Mandrake*

OUTRA TARDE PARA SE LESMOLENGAR, LAGARTEAR EM Poinciana. A cortina filtra a luz que ainda arde lá fora. Dos dois lados da sala, estantes repletas de livros. No meio, uma grande mesa. Notebooks. Uma pequena redação.

A amiga lembra-se de tempos com o tio no exílio, das saudades de palmeiras e sabiás, de encontros com Kadafi, Sadat, Ben Bella e Fidel. Paris, Nova York e também Cidade do México, onde passaram noites inteiras em conversas com Gabriel García Márquez e Francisco Julião.

A amiga cruzou a fronteira da Argélia vinda do Marrocos, de carro, a passeio, justamente quando aterrissava em Argel o avião com presos políticos brasileiros trocados pelo embaixador norte-americano sequestrado no Rio de Janeiro.

Até esteve no Vietnã, no auge da guerra com os Estados Unidos. A amiga tem afinidades com fatos relevantes. Sempre está, como se diz, no olho do furacão. E agora, que mora na Flórida, literalmente.

Minha vida de repórter foi e é tão palpitante quanto idas semanais a supermercados em tempos de inflação controlada. Feita de esperas de três, quatro horas por entrevistas de 15 minutos; de tocaias na Esplanada dos Ministérios atrás de silêncios e declarações monossilábicas de ministros madrugadores ou notívagos. De primeiras páginas por golpes de sorte.

"Vamos encher a panela do povo", resposta de um Delfim enfadado diante da tese macroeconômica apresentada pelo repórter de *O Globo*. Perguntas compridas, ensaiadas, roubam do ministro preciosos minutos de concentração no que, de fato, lhe interessa: aprovar a agenda de visitas a associações comerciais do interior de São Paulo.

Delfim quer ser governador pelo voto direto e se cacifar para primeiro presidente civil desde 1964. Vestirá qualquer figurino de processo eleitoral que for preciso. Tem estoque de frases de efeito. Sabe cravar manchetes e as solta em conta-gotas.

Assim que descobre ter acertado firme o alvo dos jornais televisivos noturnos e dos impressos do dia seguinte, levanta-se, agradece aos jornalistas e num piscar de olhos mergulha de volta ao gabinete. Escapa de cena. *Mandrake*.

O jogo de aparição e desaparição do ministro e de seus assessores é tão perfeito que ficamos na dúvida se a entrevista realmente existiu. Mas com o *lead* da matéria do dia em mãos, quem ousa reclamar da pergunta não respondida? Se a panela do povo terá ou não comida já é outra história. A manchete dada de mão beijada será suitada à exaustão. E quando essa mina se esgota, *Mandrake* estará pronto para outra. Frio e calculista, tem sempre cartas nas mangas e sabe muito bem usá-las, segundo a própria conveniência.

"Atirem as bombas em mim!"

ROMPANTES DE SANGUE QUENTE, NO CALOR DA HORA, TAMBÉM têm vez na vida de repórteres carregadores de piano. "Atirem as bombas em mim", responde, irado, Figueiredo, num domingo, na Hípica de Brasília, dia seguinte ao atentado do Riocentro. O general no exercício da presidência da República apenas cumpria rotina dominical. Não deixaria de aparecer em público por causa de um atentado à sua direita. Mas também não sorriria.

Não daria entrevistas. Os jornais teriam que se contentar com fotos suas de cara amarrada, de reprovação ao descalabro do momento. Então, o desespero dos repórteres em cena, ilhados pela muralha de seguranças e assessores, provoca a única pergunta em uníssono e aos berros: "Presidente, presidente, uma declaração sobre o Riocentro." Resposta lacônica dada ("Atirem as bombas em mim!"), o dia está ganho.

As frases de efeito de Figueiredo fazem contraponto com as de Delfim. Primam pela sinceridade que insulta. Foi o primeiro presidente militar a sair às ruas e, indagado sobre o que achava do cheiro do povo, não titubeou: "Prefiro o dos meus cavalos". Disse que era melhor levar um tiro a ganhar salário mínimo e quando lhe perguntaram como gostaria de ser lembrado, disse que queria ser esquecido.

Poderia ter dito: como o presidente que fez a anistia, o presidente dos retornados políticos, o que começou, de fato, a transição para a democracia. Não se fantasiava de bacana. E sempre deu um chute no traseiro do politicamente correto. Fora da presidência da República, recolheu-se ao Sítio do Dragão e cuidou de seus cavalos.

Sou escriba dessa Corte que avança para além da Esplanada dos Ministérios e Praça dos Três Poderes e, como polvo superalimentado, já abraça as duas asas do Plano Piloto. Observadora paciente dos fatos, escrevo sem julgar quem os cavalga ou quem deles apeia. Relato. Aprendi a ler tabelas e gráficos de cabeça pra baixo enquanto entrevisto, a vasculhar cestos de papéis ao lado de máquinas xerox de gabinetes. A recolher papeizinhos esquecidos depois de reuniões na sala do Conselho Monetário Nacional. Coisas do arco da velha, inimagináveis em tempos de celulares e *tablets*.

Depois de dar o trabalho por encerrado, se resolvo não voltar direto pra casa, fujo de restaurantes com carros oficiais à porta. Escondo da chefia o convite do ministro para jantar, quando me viu, ao encerrar o expediente, ainda na portaria, à espera de resposta que seus assessores me negaram durante todo o dia. Quero namorar. E o amor de paciência curta já me espera estacionado a poucos metros dali.

Paixão pelo Alvorada

O PRESIDENTE OBSTINADO, APESAR DE TODAS AS PRESSÕES, consegue inaugurar o monumento que o imortalizaria no planalto central do país. O presidente visionário quis ser lembrado pela cidade, pássaro, avião, que se pode ver do espaço. Para ele, bustos em museus e praças públicas não eram suficientes. Poderia morrer em qualquer lugar do mundo, mas certamente seria enterrado em Brasília. E, se pudesse escolher o leito definitivo, o pedaço de terra que mais amou em vida, escolheria os jardins do Palácio do Alvorada.

"Ele amava este Palácio. Tinha paixão pelo alvorecer visto daqui", — conta Oscar Niemeyer a um grupo de jornalistas, durante uma de suas raras visitas à capital nos anos 1990. Niemeyer puxou da memória grande parte dos sentimentos de Juscelino sobre cada pedacinho construído da nova capital. A felicidade que sentiu ao aglutinar na grande obra uma legião de trabalhadores de todo o Brasil que deram forma aos sonhos e mesmo delírios de engenheiros, arquitetos e artistas plásticos, trabalhando lado a lado. Foram possíveis, assim, decisões como as de paredes inteiras em treliças ou dos relevos em mármore de Athos Bulcão, no Palácio do Itamaraty.

Muitos presidentes passaram pelo Alvorada, mas na biblioteca do palácio só JK permanecia, então, num pequeno porta-retrato. Numa das paredes do grande salão de entrada, *Os músicos*, de Di Cavalcanti. A biblioteca era o lugar predileto do presidente. Lá ele despachava, trabalhava solitariamente, varava noites conversando ou em saraus com amigos e artistas convidados.

Havia serestas, quando as grandes janelas que dão para o lago Paranoá eram abertas para a brisa, o perfume que ela trazia e o luar refletido nas águas. A biblioteca interliga-se ao salão principal e, perto dela, continua lá o piano de cauda, exigência de JK.

Figueiredo odiava o Alvorada e morou na Granja do Torto, uma construção bem simples, mas com cocheiras para os seus cavalos, piscina e churrasqueira. Hoje a residência do Torto está praticamente envolta pelos condomínios residenciais que proliferam em Brasília.

Collor também odiava o Alvorada. Nem morar no Torto quis. Preferiu a Casa da Dinda, residência da família, de triste lembrança para jornalistas forçados a plantões horrendos ali sob o sol, chuva, sem lanchonete ou banheiro por perto.

Lula nunca demonstrou particular afeto pelo Alvorada. Até reclamou da falta de uma churrasqueira que foi logo providenciada. Com Lula e Dona Marisa, o Alvorada até ganhou árvore de Natal e presépio nos jardins.

Dona Marisa fez um canteiro de flores com o formato de estrela. Dona Ruth incorporou uma horta com a ajuda da *chef* Roberta Sudbrack. Nada sei da contribuição de outras primeiras-damas ao folclore da decoração palaciana. Até que, por conta do menino Michel, a mãe zelosa Marcela Temer solicitou que se providenciasse rede de proteção nas janelas. A pequena família presidencial, depois de uma vã tentativa de adaptação, acabou voltando ao Palácio do Jaburu, a residência oficial do vice-presidente da República.

Maria Teresa Goulart interrompia reuniões do marido, atravessando o salão de biquíni em direção ao sol da piscina. Sem se embrulhar em roupões ou saídas de banho. Piscina também muito amada por Fernando Henrique, presidente que quase se igualou a JK na paixão pelo Alvorada.

Aos domingos, o presidente das privatizações costumava receber o ministro da Fazenda, Pedro Malan, para longos papos. Certamente ficavam roucos de tanto falar mal de Serra, amparados por alguns uísques e charutos. Tanto Fernando Henrique como Lula foram privilegiados em relação a JK. Puderam lá viver oito anos seguidos.

Minas, a inspiração

NIEMEYER NÃO TEVE QUALQUER DIFICULDADE PARA CONCEBER o Alvorada. "Me inspirei naqueles casarões de fazenda de Minas, cheios de janelas e portas, sem varandas. Apenas tirei o cocuruto deles, o telhado. Substituí as muitas janelas por grandes paredes envidraçadas. Grudei colunas com bases em pontas para dar leveza ao prédio, que parece não tocar o chão."

Niemeyer implicou com o conjunto de palmeiras imperiais plantado em frente do Palácio sem sua autorização. "Não quero flor, palmeira, nada, só o Palácio, água e o gramado."

Para o mestre, o bom paisagismo, o verde, é aquele mínimo ou inexistente. De forma que os olhos de quem contempla suas obras não sejam desviados para aquela florzinha teimosa. Deve ser por isso que a sua mais recente obra na Capital Federal, o Museu da República, é cercada de cimento por todos os lados.

Sempre rebateu quem o acusa de ter projetado ministérios e palácios totalmente envidraçados, verdadeiras cristaleiras estalando ao sol. "Brasília era muito mais fria nos anos 1950. Passei muito frio aqui, dizia ele."

Pode ter passado frio mesmo. Mas Brasília é, hoje, uma cidade calorenta, ilha de concreto cercada de cerrado que se escasseia. E ele ajudou nesta mudança climática e teve como coadjuvantes governantes relapsos, corruptos e de má-fé.

Dos vários lagos artificiais previstos para que amenizassem a seca implacável de julho a setembro na região, apenas um foi construído, o Paranoá, que garante o desenho de avião ao Plano Piloto. As demais áreas foram tomadas por condomínios irregulares a partir do governo Figueiredo. Grandes grileiros de Brasília foram militares assentados nos gabinetes palacianos à época.

Novas quadras no Lago Sul foram criadas em áreas próximas ao Jardim Botânico com casas construídas em cima de minas d'água aterradas. Outras dão fundos para pequenos córregos que lentamente estão a secar. Deques são construídos à beira do Paranoá, reduzindo o lago de tamanho. E vou parar por aqui para não chorar.

"Play it again, Sam"

É 2000 E NÃO HOUVE O BUG DO MILÊNIO. CIDADES NÃO FICA-ram às escuras e nenhuma festa foi cancelada. O avião voa direto: Rio de Janeiro-Roma. Meu coração dispara, ali está o norte da África: o deserto e os litorais do Marrocos, Argélia e Tunísia. Logo, Nice se desenhará.

O azul mediterrâneo me leva à janela de um quarto de hotel, há duas décadas. É madrugada. Estou sozinha. Luzes de Argel esparramam-se até o velho porto, o mar. Tudo que eu sei sobre Argel é um filme, um livro e a viagem, de alguns dias, que fiz a trabalho.

No filme, *A batalha de Argel*, de Gillo Pontecorvo, a mulher entra num Café do centro da cidade. Carrega uma sacola de compras que deixa, ao sair, como se a esquecesse. Minutos depois, a explosão. Pedaços da história do sangue derramado naquelas ruas e escadarias estreitas, nos longos dias que antecederam a desocupação francesa.

No livro, *O estrangeiro*, de Camus, que também virou filme, dirigido por Luchino Visconti, um homem caminha pela praia. Encontra um árabe e lhe dá um tiro na cabeça. Indagado sobre a razão, responde: "Fazia muito calor". Absurdos em série selam o destino cruel de Mersault. Antes da cena da praia, podemos ver Argel nas andanças do personagem. Já prenunciam fatalidades.

Nuvens quase escondem o contorno africano, vizinho da Europa. Fecho os olhos e, agora, estou em Casablanca. Posso ver Bergman ainda mais linda e Bogart ainda mais cínico –, no fundo, um sentimental. Armstrong, ao piano, canta "As Time goes By". Casablanca é o mundo de 1942, quando os Estados Unidos sequer haviam entrado para valer na Segunda Guerra Mundial. O bar e cassino de Rick hospeda judeus, árabes, refugiados do Leste Europeu e espiões de todas as ideologias. O voo para Lisboa é a ponte de salvação para a América. O bar retrata o caos vigente em meio às batalhas, de campo ou pessoais, ganhas e perdidas.

Ah! Esse velho mundo, e no meio do caos, sempre a germinar, aquela luzinha do altruísmo, do amor verdadeiro, da amizade, tolerância e heroísmo. O suficiente para que continuemos a apostar na vida. O roteiro é adaptação da peça *Everybody comes to Rick's*, de Murray Burnett e Joan Alison, dos anos 1930.

A peça foi escrita a quatro mãos. O roteiro por outras oito. Cenas e diálogos foram refeitos, momentos antes das filmagens. Tanto foi apagado, adicionado e reescrito pelos roteiristas de Hollywood que só poderia mesmo ter rendido verdadeiras pérolas, repetidas em outros filmes e no nosso cotidiano, sem qualquer exaustão.

Ilza (Bergman) ameaça matar seu grande amor em troca de um visto que salvará o marido, um dos líderes da Resistência aos nazistas, na então Tchecoslováquia. E ouve de um desiludido Rick (Bogart): "Mate-me, me fará um favor". Quando Rick mata o oficial alemão, é acobertado pelo militar francês que ordena aos subordinados: "Prendam os suspeitos de sempre. " E tem o "Sempre teremos Paris", de Rick, ao se despedir da amada.

Sim, ninguém nos tira o que perdemos irremediavelmente. Ninguém nos tira a vida só sonhada. O que existiu, o que nos aconteceu, por graça ou remando-se contra a maré, tem por destino esboroar-se num simples sopro, suspiro, lágrimas ou ranger de dentes. O não vivido, o não dito são eternos no reino das probabilidades infinitas. "Play it again, Sam!"

Charme anacrônico

ARGÉLIA, 1983. ACABO DE CHEGAR DE UM COQUETEL. SOU A ÚNICA mulher na comitiva do ministro em missão comercial pela Argélia e pela Tunísia. O ministro nunca me viu tão bem arrumada e reclama: "Lá pela Esplanada você não anda assim." A recepção é no próprio hotel. Faz frio. A maioria dos convidados vai embora logo. Despedem-se de mim, um a um, em fila indiana.

Na fila, um tipo marajá de turbante e tudo, arrematado na frente por pedras preciosas. Quando chega sua vez, beija-me a mão. Deus, posso sair correndo? Olho mais para o fundo do salão e vejo meus colegas às gargalhadas. Eu havia me perdido deles e, sem querer tinha me enroscado numa conversa com uma das autoridades da comitiva, bem no meio do corpo diplomático estabelecido em Argel. Quando os convidados foram se despedir dele, viram-se na obrigação de também me cumprimentar.

Não sei como o ministro sobreviveu à recepção sob regras islâmicas, sem o copo de uísque com muito gelo à mão, sua marca registrada. Quando nos retorna ligações, já de casa, podemos ouvir o barulho do gelo que sacode no copo. À noite, depois que toma o terceiro uísque, é a melhor hora de entrevistá-lo e por telefone o papo rola fácil.

Ele tem um jeito de Clark Gable. Deve retornar as ligações de robe de chambre estampado. O melhor amigo do ministro em Brasília é seu motorista, um português, com quem joga tênis pela manhã antes de desembarcá-lo no gabinete, bigodinho bem aparado e cabelo com os fios todos no lugar, lustrosos de gel.

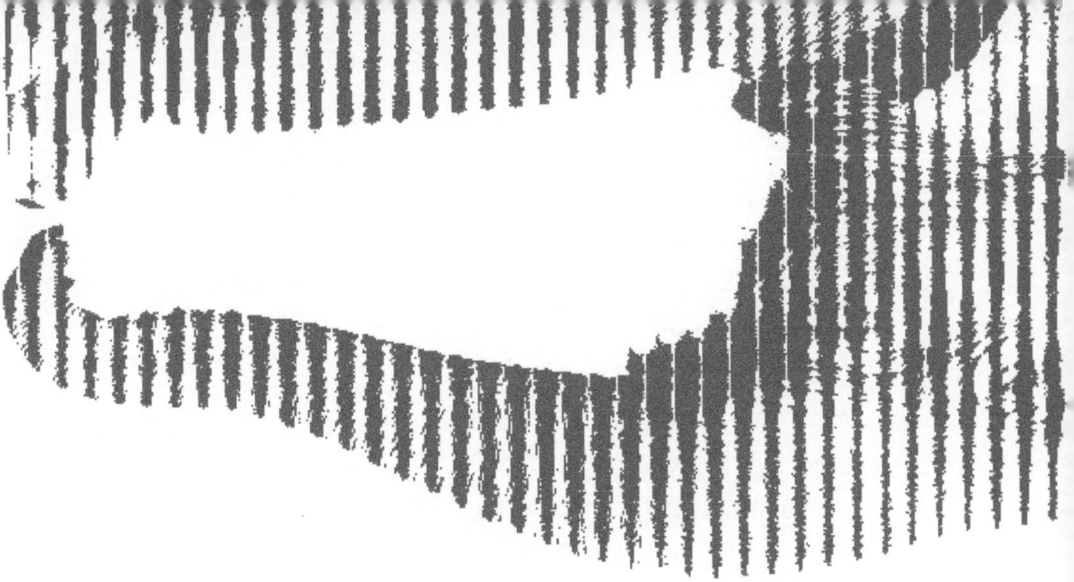

Esse ministro é um reacionário simpático, anacrônico no charme. Economista, estudou em Yale. Tem um jeito simplista de explicar as coisas que beira o deboche. Tem sempre à mão teorias como a da floresta para definir desigualdades. Árvores que nascem de um mesmo solo, sob o mesmo sol e a mesma chuva, alcançam tamanhos diferentes. Assim acontece com as pessoas. Há as que trazem, na semente, o gene da riqueza, da prosperidade, do sucesso. Crescem mais rapidamente que as demais e, por isso, continuam recebendo luz nas copas que, de tão frondosas, acabam, por razões externas à própria vontade, impedindo que outras cheguem à mesma altura.

"Há os que são engraxates quando crianças e tornam-se ministros. E há os que morrem engraxates. A culpa é de quem se tornou ministro?" Responde, então, de imediato, a própria pergunta com um sonoro não. Depois, cercado de risinhos amarelos, dá uns tapinhas nas costas dos que toleram suas teorias sem pé nem cabeça, por hábito, puxa-saquismo ou dever de ofício, e segue pavoneando entre as rodinhas de convidados. Mais um evento rotineiro da República.

Nossos antepassados, os gauleses

ACOMPANHO, SEM OUTROS JORNALISTAS, O MINISTRO NA VISITA a uma siderúrgica longe da capital. Os demais não se sentiram obrigados a cumprir essa parte da programação e vão passar o dia pelos labirintos da Casbá. Depois me contarão histórias de crianças jogando bolinhas de gude, de velhos sentados pelas calçadas tomando chá de menta muito doce.

Histórias do porto da cidade, que existe desde os cartagineses e até antes deles. De madeiras escorando portais seculares. Dos aromas de frutas, temperos e incensos. Dos vestígios de uma cidade do Reino da Mauritânia, de Jubá. O coração da resistência contra os franceses.

Não posso escolher o que cobrir, o que não cobrir, e abrir espaço para uma agenda própria nesta viagem. Mas essa inflexibilidade, também tem suas vantagens. Não escolhi, mas sou eu e não quem ficou em Argel que sobrevoa o deserto e seus oásis, vilarejos neles plantado.

O piloto brasileiro — o avião fretado é da Varig — diz que as condições são especialíssimas para um pouso com os motores desligados. Faz isso e o avião plana. Desce macio. Não vou perder tempo com o indescritível. Ele informa que ao retornar ao Brasil se aposenta. Todos aplaudem.

A siderúrgica não é das maiores e um empresário me diz que é obsoleta, comparada às brasileiras. "Não temos nada que aprender aqui. Esses socialistas adoram mostrar fornos em funcionamento e dar informações em toneladas", diz com desprezo no cochicho.

Durante o almoço escolho uma mesa. De brasileiro, só um diplomata amigo. Os demais, argelinos e todos negros. "Somos saranianos", explica um deles em francês, a língua oficial do encontro de trabalho. E continua: "Todos os da minha idade, argelinos brancos ou negros, mediterrâneos ou do deserto, cresceram lendo nos livros escolares que nossos antepassados eram os gauleses. Os franceses se foram, mas a nossa história, a dos saranianos, ainda não cabe na história oficial argelina. Nossa língua não é o francês nem o árabe. E nossos antepassados estão em todo o norte da África."

A Argélia ficou independente dos franceses em 1962. Só vinte anos depois, um ano antes dessa minha viagem, as línguas berberes foram oficialmente reconhecidas. E era isso que meu colega de almoço celebrava. Apesar de enterrarem seus mortos com a cabeça em direção à Meca, grande parte dos saranianos acredita em espíritos bons e maus. Não foram totalmente convertidos ao islamismo. Em 2002, as línguas berberes retornam ao limbo. Quem se importa?

Mercadores de armas

QUANDO RETORNAMOS A ARGEL, SAÍMOS PARA JANTAR CUSCUZ de cordeiro em um restaurante bastante simples. Muita penumbra e um véu espesso de fumaça dos cigarros acesos em todas as mesas. Só homens. O amigo de *O Globo* me confidencia que havia identificado na comitiva empresarial dois representantes da Embraer.

As negociações sobre venda de armas não fazem parte das reuniões oficiais em salas do próprio hotel em que estávamos hospedados. Mas, reservadamente, em gabinetes do governo argelino. A missão empresarial seria, na verdade, também fachada para uma grande venda de armas aos árabes. E não havia só argelinos nas reuniões longe da imprensa. Mais parecia uma cúpula.

Descobrimos, depois do jantar, que parte da concorrência havia entrado na sala de telex e lido o que era para ser matéria exclusiva de *O Globo*. O amigo havia se certificado de que era o último a transmitir a matéria. Deixou o texto com o teletipista e subiu ao quarto para tomar banho. A sala de imprensa já estava vazia. Mal sabia que estava sendo vigiado, passo a passo.

Em coberturas importantes, não basta apenas apurar. A competição acirra-se. Comportamentos questionáveis acontecem. É preciso estar alerta o tempo todo. Ao retornar ao saguão, o amigo percebeu o erro de ter deixado o teletipista sozinho. Mas já era tarde demais para que os demais jornalistas da comitiva fizessem qualquer apuração. Só deu tempo para registrarem, por telefone, que, entre os assessores do ministro, havia mercadores de armas. O suficiente para salvarem os próprios pescoços.

Presente perfeito

EM TEMPOS SEM INTERNET, VIVÍAMOS PERGUNTANDO ISSO E aquilo aos colegas, enquanto arrematávamos apressados as matérias do dia. Eu perguntava se a palavra era com um s ou dois, essas coisas... Ele foi enfático: "Vou deixar este dicionário na tua mesa de trabalho. Assim não precisa ficar perguntando bobagens, tirando a concentração dos outros". E disse de um jeito bravo. O presente, apesar da reprimenda, fora perfeito.

Nesses tempos, nosso banco de dados era um armário daqueles de aço, numa das paredes da sala de imprensa. Dentro dele, dezenas de pastas devidamente nomedas: Balança Comercial, resultados da Arrecadação e do Tesouro, Câmbio, Taxas de juros, Evolução das dívidas interna e externa.

O precioso arquivo tinha uma "cã de guarda", repórter do *Estadão*. Gaúcha brava, não dava trela para cantadas recorrentes, sempre concentrada no que fazia. Havia chegado sozinha, de mala e cuia, a Brasília. Aprendeu a dirigir e a costurar. Dava volta ao Paranoá de bicicleta, 42 quilômetros. Não bebia, não fumava e ia cedo para casa. Ninguém sabia da vida dela. Só um pouco. A maior parte inventada, porque ninguém se conforma com gente que preza vida mais que privada, secreta.

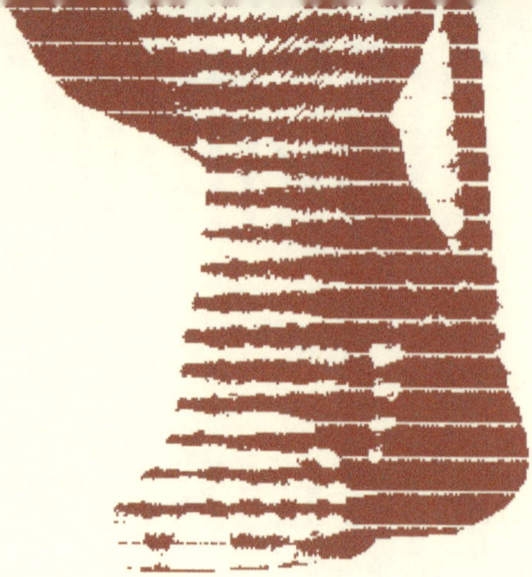

Cortinas de ferro

O ALARIDO A BORDO DO VOO MIAMI-BRASÍLIA JÁ NÃO ME PERturba. Estou em Túnis, onde o verde do mar é mais azulado. Toda a comitiva em festa. A sisudez dos encontros em Argel ficou para trás.

A programação é flexível e opcional. Alguns dos empresários continuaram seus contatos, mas a maioria vai às compras. Ouvi gritos de vivas ao capitalismo durante o café da manhã. Também indagações sobre as razões de as cidades socialistas serem desertas à noite, quase à meia-luz, tristes mesmo.

Eu ainda não conhecia países socialistas, os tais separados do mundo por cortinas de ferro, metáfora para muros de concreto ou cercas de arames farpados eletrificadas.

Em 1985, em Sofia, o único ruído nas ruas é o de passos. Ninguém conversa. Nenhuma gargalhada aqui nem ali. Autoridades transitam em carros pretos com cortinas nas janelas. Uma linda cidade, igrejas com cúpulas em forma de bulbo, aceboladas, herança eslava, simbolizam chamas, a luz da Palavra de Cristo. Altares e paredes adornadas com quadros de madonas e meninos Jesus morenos de grandes olhos negros, herança bizantina. Em toda parte, placas com referências à amizade secular com a Rússia, que os havia livrado da dominação turca.

Ainda em Túnis. De manhã localizamos os Correios de onde poderíamos enviar nossas matérias. No hotel não há serviço de telex. Quando tudo falhava, em viagens internacionais, pedíamos socorro em agências do Banco do Brasil e lojas da Varig. Como último recurso, às embaixadas do Brasil. Os fotógrafos viajavam com laboratórios portáteis e revelavam os filmes nos próprios banheiros escurecidos com cortinas levadas na mala. As primeiras máquinas profissionais não analógicas eu vi nas mãos dos fotógrafos de *O Globo* e da *Folha de S.Paulo*, na viagem de Collor a Madri, Granada e Sevilha, em 1992.

Londres, amor definitivo

TENHO O TRAÇADO DA CIDADE NA PALMA DA MÃO E NO CORAÇÃO, desde fevereiro de 1979, quando lá cheguei em meio a um dos mais tenebrosos invernos do século passado e greves explodindo por todos os lados. Não eram quatro horas da tarde e o céu, um breu.

Antes de sair do aeroporto, eu já sabia que nunca mais seria a mesma depois dessa minha primeira viagem pela Europa que durou mais de dois meses, a maior parte na Inglaterra. Era o fim para os trabalhistas no poder. Em maio daquele mesmo ano, Leonard James Callaghan passaria o bastão para Margaret Hilda Thatcher fazer ajustes econômicos ousados. Tempos difíceis. Estava eu lá, foca no jornalismo, tentando entender tantas mudanças.

Era a primeira vez que eu atravessava o Atlântico. Fim do governo Geisel. O presidente do Banco do Brasil, Karlos Rischbieter, fora formalmente convidado para o ministério da Fazenda do governo Figueiredo, que prometia a abertura política. Estávamos acompanhando o futuro ministro num périplo pela Europa e pela África. Nessa época eu fazia a cobertura dos julgamentos de presos políticos pelo Superior Tribunal Militar (STM) para o *Correio Braziliense*. Minhas incursões na área econômica ainda eram esporádicas.

O STM com o prenúncio do novo governo havia adquirido ainda maior importância. O articulador da candidatura Figueiredo era do Tribunal, o brigadeiro Délio Jardim de Mattos, posteriormente nomeado ministro da Aeronáutica. Eu me restringia às coberturas dos julgamentos, que já me davam muito trabalho e me rendiam manchetes e matérias de páginas inteiras.

Muitas vezes, os ministros reuniam-se em plenário apenas para decidir quais livros determinados presos poderiam ler ou não, o que rendia também boas matérias. As discussões em plenário refletiam o embate sobre os rumos da abertura política. Ministros mais linha-dura mediam o grau de periculosidade de um determinado preso político pelos cartazes de Che e Lenin encontrados em casas e apartamentos que não eram aparelhos, mas onde viviam com a família. Também havia o ministro Rodrigo Octávio, voz isolada e veemente contra torturas.

Janelas de ouro

EU ESTAVA PELA PRIMEIRA VEZ EM UMA CIDADE EUROPEIA, a maior delas, e o pequenino *Orlando*, versão de bolso, de Virgínia Woolf, andava comigo a tiracolo.

Vi tardes de assombrosa beleza. "Com o pôr do sol, todas as cúpulas, agulhas, torreões e pináculos de Londres se erguiam com um negrume de tinta contra as nuvens do ocaso, furiosamente encarnadas."

Vi, como em sonho: "Aqui a cruz rendada de Charing; ali o domo de São Paulo; além, a compacta massa de edifícios da Torre; acolá, como um grupo de árvores despojadas de todas as folhas — exceto uma borla na ponta — estavam as cabeças nos chuços do Temple Bar."

Eu era jovem e pouco, quase nada sabia de mim e do mundo. Caminhava, naquela tarde, sozinha. "As janelas da Abadia brilhavam acesas como um escudo celestial de muitas cores. Agora, todo o poente parecia uma janela de ouro com tropas de anjos subindo e descendo as escadarias do céu, perpetuamente."

Eu era, eu seria também, queria ser Orlando, aquele homem e mulher de Virginia Woolf, renascido tantas vezes. Sempre me queimando no frio ou no calor do deserto. Sempre "escolhendo a solidão e os mistérios do labirinto. Sempre em busca do amor e da arte".

A tradução primorosa de *Orlando* é de Cecília Meireles e redime um pouco tantas outras desastrosas de livros importantes que li. "Traduzir é trair", já se disse. Mas há espaço para que bons autores apresentem-se ainda melhores, quando bem traduzidos.

"Eles são as trevas"

NA VIAGEM DE 1979 A LONDRES, ALMOÇAMOS NA CASA DE UM diretor do Eurobraz, consórcio formado pelo Banco do Brasil, bancos japoneses e europeus para facilitar e ampliar a carteira de investimentos externos aqui. À época, sobravam petrodólares. Presente, um empresário brasileiro, amigo do dono da casa, recém-chegado de Teerã.

Nós jornalistas estávamos excitadíssimos com o retorno ao Irã, do aitolá Komeini, desde o início da década de 1960 exilado, primeiro no Iraque e depois na França. O que aconteceria, nos dias seguintes, com a deposição do xá Mohammad Reza Pahlavi. Estávamos mesmo empolgados com o retorno do aitolá.

O empresário educadamente disse-nos, sem meias-palavras, o quanto estávamos equivocados, que não tínhamos noção do que aconteceria no Irã a partir do retorno do aitolá. Retrucamos, indignados. Pior do que com o xá não seria. Pahlavi era, sim, um ditador. Havia enclausurado ou exilado a oposição. Era corrupto. Era o próprio satã, como dizia o aitolá em suas pregações na França.

Pacientemente, o empresário nos alertou: quem vivesse veria que muito pior que o xá seria o aiatolá, principalmente para as mulheres. E, olhando-me com firmeza disse: "Não tenha ilusões. Em muitos aspectos, como o da modernização do Irã, as atuais lideranças políticas estão fazendo um bom trabalho. Há uma oposição ao xá que precisa ser ouvida pelo Ocidente e certamente não é a dos aitolás. Eles são a treva!"

Depois de algumas taças de vinho, o almoço caminhou para assuntos mais amenos. Estávamos testemunhando também um dos piores invernos do século 20 na Europa. Londres estava toda branca, coisa difícil de acontecer. E nos distraímos com a neve nos jardins, com a fonte congelada e com uma piranha no aquário da sala do anfitrião.

No Carnaval, já estávamos em Brasília. E o bloco dos jornalistas, o *Pacotão*, em sua segunda edição, saiu clamando *pelo ai-a-to-lá Khomeyni: Geisel, você nos atolou / O Figueiredo tam-bém vai atolar / Ai-a-to-lá, ai-a-to-lá, venha nos sal-var / Que esse governo já ficou / Gagá, gagagageisel!* Alguém de turbante carregava um enorme retrato emoldurado de Komeini. Como éramos tolinhos!

When the Music died

MANHÃ FRIA E ÚMIDA, AINDA ESCURO, PERTO DAS DEZ. NADA que não fosse o esperado para um 8 de dezembro, em Londres: 1980 chegava ao fim. Descemos correndo a escadaria do prédio, onde ficava o estúdio onde morávamos. Prédio todo branco e de colunas, como dezenas de outros naquele pedaço da Inverness Terrace Street, estação de Bayswater. A poucos metros dali, o Hyde Park à nossa frente. Podíamos vê-lo de nossa janela.

À esquerda, mais adiante o Marble Arch, o Speaker's Corner. E mais ainda adiante, o coração da cidade, o Picadilly Circus, o Covent Garden. Nosso propósito era fazer tudo isso a pé, mais uma vez... que andar, andar, andar é o melhor a se fazer em Londres, mesmo no frio. E perto do Natal tudo na cidade é mais bonito.

Londres estava mais silenciosa e vazia que de costume. Seria um domingo? Não me lembro. Se não era, tinha aquela melancolia de domingo no ar. Até que... até que tropeçamos na primeira manchete de jornal: *Lennon shot dead*...

Meu Deus! Me viro pro Zé e digo: "Lennon foi baleado!" E ele: "Foi baleado e morto. Morto a tiros."

Eu traduzira mal a manchete para me apegar à esperança. Tradução refeita, chorei. E só aí prestei atenção. Todo mundo chorava. Naquele jeito inglês de chorar, mas chorava. A moça da revistaria recebeu o pagamento, fungando. Uma grande solidão se abateu sobre nós. E o dia foi de silêncios. Depois do almoço voltamos para casa. Mais tarde saímos de novo e vimos muitas faixas: *John nunca te esqueceremos! Yoko nosso coração está com você! Yoko rezamos por você e John!* Algumas velas acesas. Tristeza sem comoção, sem exageros na voz ou nos gestos ou na altura do choro, mas funda.

Durante a semana, compramos todas as revistas que trouxeram capas com Lennon. Guardo-as até hoje, na estante, embaladas em plástico. Junto, algumas edições antigas da *Veja*. As da chegada do homem à lua e a da passagem de Elizabeth II pelo Brasil com a foto do Congresso estilhaçado e a legenda: *A rainha passou, façam a crise, senhores!*

Também não me desfiz da que traz na capa um caminhão com estudantes e o título: *Assim acabou o Congresso da UNE, todos presos.* E também a que traz uma mulher jovem, sentada, com o rosto encoberto. *Por quem chora Ana Maria? O marido é um líder foragido.* O marido, no caso, é Vladimir Palmeira.

Chá e bolo de chocolate

DEZEMBRO DE 1980. TATCHER JÁ JUSTIFICA O TRATAMENTO DE Dama de Ferro. Está em processo a derrota da greve nas minas de carvão que aconteceria definitivamente em 1985. Virada histórica. Os sindicatos britânicos jamais recuperariam o poder de mando registrado no pós-guerra. No Brasil, o presidente general Figueiredo dava o tom da abertura política. O Partido dos Trabalhadores não completou ainda um ano, e Lula é líder da oposição com visibilidade internacional.

Véspera de Natal. Há exatos 16 dias, Lennon foi assassinado em Nova York. Londres brilha entre a névoa. Saímos com um amigo islandês para ver *A viúva alegre*, uma opereta. Muitos filhos já de meia idade acompanhavam pais idosos vestidos com pompa e circunstância. Um onda de carinho viajava entre as pessoas. Planávamos sobre a crueldade do mundo.

Na volta para casa, o amigo islandês seguia à nossa frente cantando e dançando embaixo de um enorme guarda-chuva colorido. Eu havia feito na vidraça do nosso *flat* (na verdade um quarto, com tudo que se possa imaginar dentro, desde televisão, geladeira, cama, fogão, guarda-roupa), uma árvore de Natal com cartões que havíamos recebido do Brasil. Havíamos jantado antes de sair e nossa ceia, quando retornamos, foi chá com bolo de chocolate à luz de velas.

Beijos falsos de Ano-Novo

NO RÁDIO, "MAIS QUE NADA", DE JORGE BEN, SÓ ORQUESTRADA. Benjor ainda não havia nascido. Estamos nos preparando para a passagem do ano. É perto do meio-dia e logo vamos sair. Vamos ao mercado da Portobello Road. Foi o que anotei na cadernetinha de viagem, já roída pelo tempo, em 31 de dezembro de 1980.

Portobello Road é uma rua de Notting Hill, bairro famoso de Londres muito, muito antes de Julia Roberts chegar lá e namorar o Hugh Grant. Fica nos distritos de Kensington e Chelsea. Foi nas andanças pela região que Caetano, no exílio, encontrou-se com o *reggae*, no início da década de 1970. Registra isso no verso *"Walk down Portobello Road to the sound of reggae"*, em "Nine out of ten", do álbum *Transa*, 1972.

A noite chegou faz tempo e passa veloz. Estamos na Trafalgar Square, aquela das repetidas reportagens sobre hordas bêbadas mergulhando na fonte do Lord Nelson e mulheres aos beijos com policiais quando é meia-noite. Descobrimos que bem poucos fazem isso e, a maioria, a pedidos dos fotógrafos. Os *pubs* fecharam exatamente às 23 horas, como sempre. E saímos para o frio com canecas cheias de cerveja nas mãos.

O novo ano tem apenas alguns minutos e a praça já se esvazia. As pessoas correm para o último metrô ou ônibus. Foi também o que fizemos, mas sem pressa. Afinal, o mundo estava muito embaçado para que déssemos urgência aos nossos passos. Apenas vislumbrávamos um Brasil sem os militares no poder. Mesmo assim, naquela madrugada, decidimos a data do nosso retorno.

E 1981 veio com força. Foi o ano dos atentados contra Reagan, o papa João Paulo II e Sadat, do Egito. O terceiro foi fatal. Charles casou-se com Diana. O Flamengo ganhou a Libertadores em Montevidéu e o Mundial Interclubes no Japão. Piquet venceu a Fórmula 1. Mazzaroppi, Glauber e Natalie Wood morreram.

O PT fez, em novembro, sua primeira convenção nacional, em Brasília. A abertura política não fora interrompida nem pelo atentado do Riocentro, em abril, quando uma bomba explodiu no colo de militares antes ser detonada em meio ao público de um *show* que celebrava o Dia do Trabalhador. "Assim caminha a humanidade com passos de formiga e sem vontade", canta Lulu Santos. E a lição que aprendemos nos anos seguintes foi a de que sempre "*vai levar um tempo pra fechar o que nos feriu por dentro. Natural que seja assim*".

Fortes e amargas

AGOSTO DE 1986. EU HAVIA SAÍDO DE PARIS, E, MESMO EM FÉrias, fora escalada para a cobertura da reunião de cúpula Brasil-Estados Unidos sobre a política de reserva de mercado para a indústria de informática. Os militares ainda davam as cartas e o tema era caro a eles, sob justificativas que iam de independência tecnológica e de segurança nacional. Encontraria Pedro em Heathrow. Ele vinha do sol da meia-noite, uma viagem a trabalho.

No mesmo horário previsto para o avião de Estocolmo, aterrissaram dois outros vindos do Paquistão. Umas mil pessoas nas filas de migração. O desembarque virou uma novela sem previsão de término. Num dos voos, vinha um líder muçulmano. Seus seguidores estenderam tapetes num dos saguões da ala de desembarque. Fizeram e beberam chá, cantaram, rezaram. Gritaria de crianças correndo em volta sem que pais ou mães se abalassem. Alguém imagina isso acontecendo, nesta segunda década do século 21?

Enfim, Pedro aparece com uma mala enorme. Em viagens tão para o norte da Europa é preciso também roupas de frio, mesmo em pleno verão. Não parecia se importar com os imprevistos da chegada. Pegamos primeiro o metrô até Victoria Station e, depois, um táxi. Nosso hotelzinho ficava em Bayswater, região velha conhecida minha em Londres.

Os palacetes brancos do bairro, adornados de colunatas lisas, vinham transformando-se, desde a década de 1970, muitos ainda bem antes, em prédios de pequenos apartamentos ou locais de hospedagem barata. Gente de todas as nacionalidades pelas ruas, comércio 24 horas.

A rua do hotelzinho, dependendo de onde se vinha, começava ou terminava no Hyde Park. À direita, o Kensington Palace, onde Lady Diana não mora mais. À esquerda, a Serpentine, o Marble Arch. Atravessa-se o parque, na vertical, e logo se encontra o Albert Memorial e o Albert Hall, onde em dezembro o *Messias* de Handel sempre está em cartaz.

Estávamos em Londres e a Copa do Mundo de 1986 rolava no México. No dia em que o Zico perdeu o pênalti no jogo contra a França, não havia o que deixasse Pedro menos infeliz. Deixamos o *pub* onde estávamos só nós dois torcendo pelo Brasil e saímos a esmo pela cidade. Até os mendigos resolveram nos azucrinar. Um deles achou pouca a esmola que demos e começou a nos xingar aos gritos.

Ficamos apenas um dia em Bayswater. Desistimos, depois de passar uma noite com gente trançando em frente à nossa janela sem cortinas. A varanda era comum a vários quartos. Na pressa, esquecemos várias coisas que, dois dias depois, ao procurá-las, encontramos do jeito que as deixamos nas gavetas. Mudamos para um hotel bem melhor, na Euston Square, perto do Museu Britânico e da Universidade de Londres.

Tenho foto com Picasso no Museu de Cera da Madame Thussaud e com minhas amigas conchas do mar no Museu Britânico. Esta aqui eu gosto muito: há sol na Trafalgar Square e estou sentada à beira da fonte, Lord Nelson lá em cima e um zeppelin no céu. Ao fundo, a National Gallery, a da cadeira abandonada, solitária, de Van Gogh, e a das tempestades de Turner.

"Felicidade é como a pluma, voa tão leve e tem a vida breve.... precisa que haja vento sem parar". Um ano depois, Pedro cruzava o Atlântico, para viver a lenda da paixão com outra. Mas tenho estas fotos às margens do Tâmisa, nos jardins do Parlamento em companhia das esculturas de Rodin, perto da Catedral de Westminster. Na catedral de São Paulo, onde entramos , por acaso, e nos deparamos com um belo concerto no *lunch time*. Em Londres, daquela vez, aprendi a gostar de cervejas fortes e amargas

E Gabo passa serelepe...

NÃO ERA DIA ESPECIAL NENHUM, NEM ANIVERSÁRIO, NEM NAtal, nem dia dos namorados, mas ele me chegou com um livro embrulhado em papel de presente e disse:

– Você vai gostar.

Sabia que eu tinha uma queda especial por histórias de amor impossível. Dessas que têm sempre um adeus pairando no ar, um gosto de última vez nos encontros. Dessas de dia a dia em sobressaltos que nos fazem sempre andar pisando em ovos, de viver que nem gato entre cristais valiosos, de se acostumar ao sentimento de flores desfalecendo num piscar de olhos.

O livro: *O amor nos tempos do Cólera*. São duas as passagens fatais. Na primeira, quando o casamento se consuma, o personagem diz para si mesmo que nunca iria amar aquela mulher que abraçava. A segunda, quando morre, de uma queda estúpida, vê a mulher e percebe que a tinha amado sempre.

Primeira semana de dezembro de 1991. Saguão do Hilton Hotel em Cartagena, Colômbia. Éramos quase duas dezenas de jornalistas e fazíamos a cobertura da V Reunião do Grupo do Rio. Acompanhar Fernando Collor era sempre uma loucura. Midiático demais, sempre fazia e acontecia. Pela manhã, *cooper* diário pelas ruas da cidade nova, uma espécie de Miami, perto do hotel que hospeda a comitiva brasileira. Um transtorno de seguranças, congestionamentos, fotógrafos e jornalistas ensandecidos.

Collor aparece de terno e gravata na abertura da programação oficial, que recomendava o traje típico caribenho, a *guayabera*, uma espécie de camisa com linhas de pespontos e bordados na frente, terminando em dois bolsos. Esta parte da Colômbia, apesar de banhada pelo mar das Antilhas, tem relações estreitas com os países do Caribe.

Enquanto a abertura não acontecia, Gabriel García Márquez, vestido bem à vontade, e com um enorme chapéu de palha, passa mais de uma vez pelos jornalistas brasileiros que nem se mexem. Participava de um evento paralelo à reunião — e ninguém acha importante falar com ele. Afinal, estávamos todos ligados demais nas estrepolias de nosso presidente.

Não foi o único dia que Gabo passou serelepe, de bem com a vida, acessível pelo saguão. Passou várias vezes e, em muitas delas, parou para conversar com quem o abordasse. Nós ali, munidos de gravador, câmaras de TV preparadas. Poderíamos, ao menos, ter começado uma conversa despretensiosa sobre o tempo, o Brasil, sobre o mar esmeralda ali bem diante de nós. Certamente, teria derivado para uma interessante entrevista. Mas o presidente era Collor. O Brasil já em crise. Qualquer movimento além dele poderia nos ser fatal.

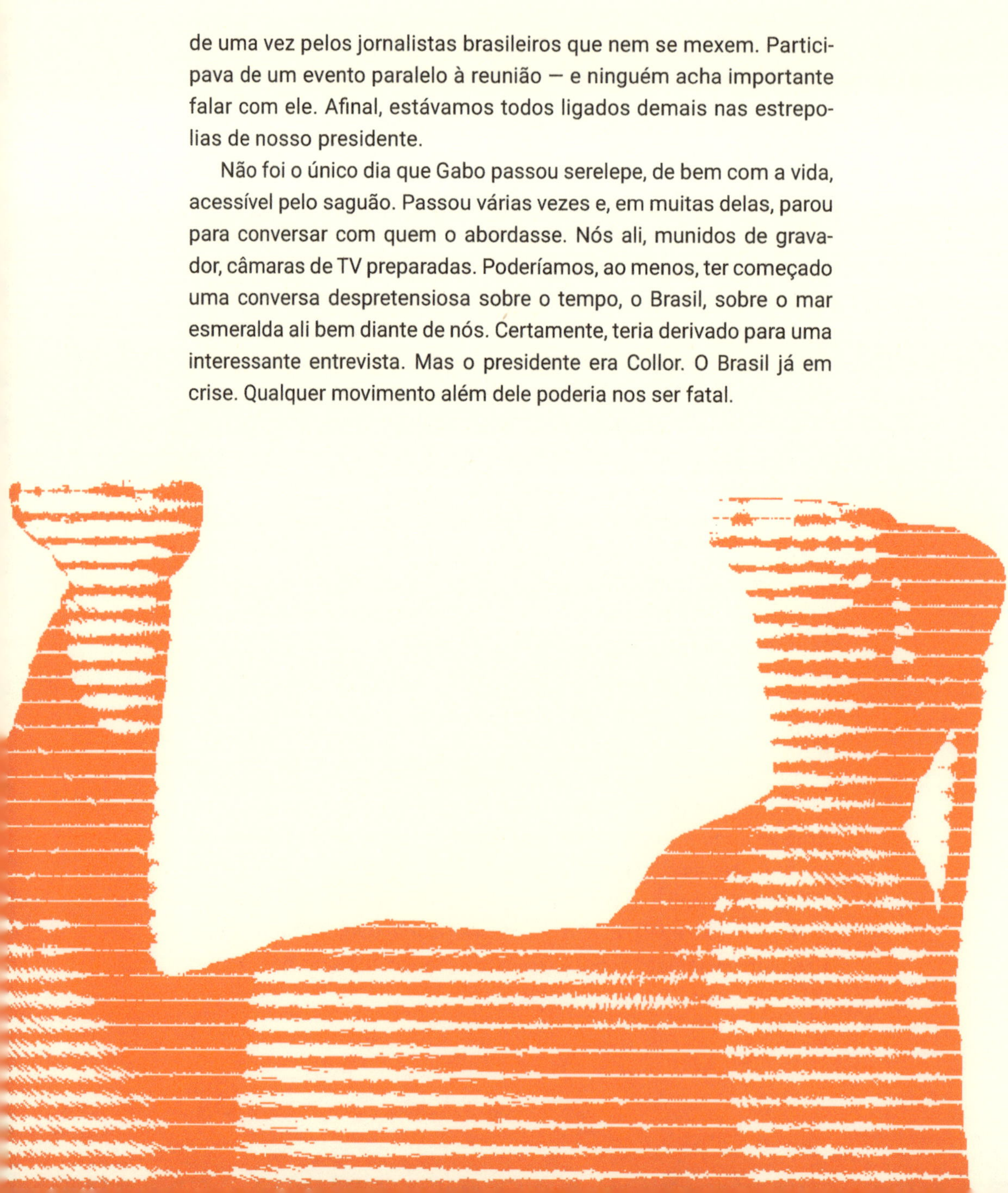

De Tupolev até Havana

CUBA, FEVEREIRO DE 1996. O HOTEL NACIONAL EXISTE DESDE antes de a Sierra Maestra chegar ao poder. Aqui foram filmadas cenas de *O Poderoso Chefão 2*. As varandas continuam refrescadas pelo vento que vem do mar. A piscina, seca há muito tempo. Falta parte dos azulejos e os que restam estão encardidos, trincados.

Os quartos até que bem cuidados. Mas cobram de uma das minhas amigas 150 dólares, sem contra-recibo, por ligação de alguns minutos para o Brasil. No *hall* do hotel, o trânsito de mulheres cubanas é mais pesado que o da Esplanada de Brasília em fim de expediente. A maioria negras lindas e prontas para o apetite insaciável de espanhóis e franceses.

Vamos a pé do hotel ao centro da cidade. Vemos uma aglomeração, não custa xeretar: no palco improvisado, Pablo Milanez muito gordo numa cadeira de rodas. Nos disseram que já não é bem visto pelo governo, que o acusa de não prestar contas dos cachês que vinha auferindo no exterior. Sob suspeita e doente, ele continuava lá, cantando "Iolanda" a céu aberto para uma plateia de jovens, a maior parte turistas.

Éramos quatro, viajando por conta própria, com motorista nos esperando, já contratado previamente. O velho Tupolev decola do aeroporto de Brasília direto para Havana. O ar-condicionado é úmido e fumacento. Faz frio durante a viagem e os cobertores são insuficientes. Faz parte do grupo uma militante de esquerda com contatos na ilha e que levava muitas malas de material escolar.

Fizemos distribuição nas escolas de periferia. Vimos adultos, homens e mulheres, perambulando pelas ruas sem nada o que fazer, muitos sentados nas portas das casas com roupas mínimas por causa do calor e uma garrafa de rum pela metade, à mão. Na escola, crianças limpas e de uniformes, mas sem cadernos, lápis ou qualquer material didático.

Bonecas de trapo

BORDÉIS, COMO OS SERTÕES, ESTÃO EM TODA A PARTE. O BORDEL Brasília é feito de vários mundos que não se comunicam. Há os que cheiram a Dior. As putas não apanham dos cafetões, nem da polícia. Quando apanham é do cliente, a gosto ou contragosto. Entram tranquilamente pelas portas de hotéis, casas, edifícios luxuosos, e os porteiros as ajudam com as sacolas de grife. Não sabem se é a mulher, irmã, a filha, sobrinha do político ou empresário que as sustentam.

No estrato seguinte, abaixo, estão putas jovens: secretárias, agentes administrativas, recepcionistas. Sempre bem arrumadas, a maioria bem bonitas. Frequentam bares e restaurantes com amigas e amigos, e os papos com os homens que as abordam podem evoluir para namoros, casamentos, sexo casual ou sexo pago.

Outro degrau abaixo, as que fazem ponto nas proximidades dos hotéis. O preço é acertado na calçada quando os carros param com os motores sempre ligados. Variam conforme o gosto do freguês ou local proposto. Em motéis, é o dobro. Tem aquelas que se associam a travestis. Ficam ali por perto dos Correios, do lado do Hotel Nacional.

Tem as de pontos de ônibus. As do Eixão. As de algumas quadras da Asa Norte e da Asa Sul. Tem as de internet. As de inferninhos. Tem as donas de casa. As universitárias. A prostituição é um mundo sempre em expansão, adepto de inovações tecnológicas e aberto a todos os sexos, cores, tipos, tamanhos, deficiências físicas e mentais. A tara humana é inesgotável. Quem não cresceu ouvindo histórias de zona, ouvindo música de zona? Quem nunca teve uma puta, uma bicha louca, um tarado, um ladrão, mesmo que de galinhas, um fascista, um comunista de merda na família, que atire a primeira pedra.

A puta notória da minha família se perdeu, como se dizia, jovenzinha. Sobrinha da minha avó. Quem a seduziu e a colocou na rua da amargura — olha a ironia do destino! — foi o dono de uma fábrica de doces da cidade, especialista em balas com florezinhas estam-

padas. Brigávamos por elas. A menina — e tantas outras — nunca mais namoraria para casar e, quando o pai soube a razão, a botou a pontapés porta fora.

O caminho de casa até a zona era o mais curto de todos. A puta da família, depois que o pai morreu sem deixar um tostão, filhos ainda pequenos para criar, um deles deficiente, sustentou mãe, irmãos e sobrinhos. Entregava o dinheiro da feira aos domingos à tarde, em visitas à casa da mãe. Tantas vezes encontrei essa caricatura de mulher, muito pintada, muito decotada, fumando sempre, nas visitas que fazia à minha tia-avó. *Boneca de trapo, pedaço da vida*.

Ava ainda mora aqui

HÁ LIMITES PARA A BELEZA DE UMA MULHER? SE EXISTEM, NO caso de Ava Gardner foram quebrados. Viajei pelos olhos felinos de Ava, em *A condessa descalça*. Estou na casa onde viveu Hemingway, Finca La Vigia, distante dez quilômetros do centro de Havana e viajo, novamente, despregada das pessoas à minha volta.

Ava nua flutua na piscina iluminada pela lua. Mais adiante, o barco do escritor. Aqui ele viveu duas décadas e escreveu *Paris é uma festa*, *O velho e o mar* e *Por quem os sinos dobram?* Pelas portas e janelas abertas, vejo os livros da sua biblioteca, a coleção de elefantes, troféus de caça e a pequena máquina de escrever, portátil, Corona. Eu moraria para sempre aqui.

Ava e Hemingway tiveram um romance. A atriz teve três breves casamentos. O primeiro com Mickey Rooney, aquele ator feio e baixinho. Depois com o músico — clarinetista — Artie Shaw, que quis fazer dela uma pessoa culta como Arthur Miller, o teatrólogo, quis fazer de La Monroe. Por último, casou-se com Frank Sinatra.

Além desses três casamentos, Ava teve um longo caso — dez anos — com o estranho bilionário dublê de aviador e agente secreto, Howard Hughes, acometido de esquisitices compulsivas obsessivas como as de lavar as mãos até sangrarem. Teve também caso com um toureiro famoso, Luis Dominguin. Morreu em Londres, em 1990. Não teve filhos.

Dizem que *A condessa descalça* é quase uma biografia de Ava, que nasceu de uma família paupérrima. Só chegou a Hollywood porque seu tio, um fotógrafo, colocou na vitrine de sua loja, em Nova York, fotos da garota. Alguém de um estúdio fotográfico famoso passou por ali, viu as fotos e o resto é história. O poeta Jean Cocteau, em referência aos olhos felinos da atriz, a definiu como "o animal mais belo do mundo".

No filme, a protagonista, Maria Vargas, dança em um cabaré de Madri, mas não se socializa com os clientes nem por dinheiro. Faz suas próprias regras. Quando criança, foi explorada pela mãe que a fazia dançar pelas ruas por uns trocados dos transeuntes. Assediada por um produtor americano à procura de um novo rosto para apostar, acaba se mudando para os Estados Unidos. Sua vida amorosa é um mistério. Não se entrega a homem algum, mas tem casos secretos. Como Ava, a mãe de Maria morre quando seu primeiro trabalho é lançado.

O filme tenta nos aproximar do mistério de uma mulher a partir de vários pontos de vista masculinos. Essa proximidade é perturbadora e faz o mistério aumentar, não ser decifrado. O filme é inovador na concepção, ao fazer a história voltar de acordo com quem a está narrando. É também interessante por começar pelo fim: o enterro da protagonista, que só se sentia segura em vida quando descalça com os pés em contato com a terra, a sujeira. Morta, todo o seu corpo, barro que é, à terra retornará.

A trama acontece em locais diferentes: Hollywood, Madri, Nice, Mônaco e a Villa do Conde Vincenzo Torlato-Favrini (Rossano Brazzi) que se casou com Maria. Daí o título de condessa que vai para o epitáfio da protagonista. A escultura de mármore, para a qual a condessa posou descalça, viaja da Villa onde viveu seu conto de fadas e tragédia até o cemitério. Ali, sua beleza que seria efêmera se continuasse viva, permanece reinando em pedra.

Maria gostava de andar descalça, um jeito poético de se começar a ver, imaginar uma mulher nua. Ava gostava de nadar nua. Não só de nadar, mas de andar nua pela casa e pelos jardins da casa de Hemingway. Em certos momentos, eu não só via o filme como produzia mentalmente outro com tudo o que eu sabia do escritor e da atriz. Somos os lugares que habitamos, que conhecemos, que visitamos acordados e revisitamos em sonhos. Somos as viagens que fazemos. Somos as pessoas que amamos.

No filme, vários pontos de vista sequer arranham o mistério da protagonista. Em Madri, Maria era uma dançarina. Em Hollywood, uma atriz. Em Mônaco, uma mulher frívola e ladra. Na Villa de seu problemático marido, que lhe apareceu tal o príncipe de um conto de fada, uma condessa. Ava, a atriz, movimentou-se entre cenários reais e fictícios e amou homens dos mais diferentes ofícios: ator, músico, escritor, aviador/agente secreto, toureiro.

É dito no filme que a *villa* do Conde Torlato-Favrini fica perto de Rapallo, uma cidade litorânea da Itália. Já estive em Rapallo e vi *villas* semelhantes. Mesmo que a do filme tenha sido um cenário pintado, a real certamente continua lá. Várias delas.

“Você não acha que já chega?”

OUTUBRO DE 2012. VIRO A PÁGINA DO BLOCO DE ANOTAÇÕES e encontro: “Morrer pela pátria é fatigar-se...” Do livro *A vista do amanhecer nos trópicos*, de Cabrera Infante. Por que não havia lido antes? Tenho tantas informações sobre esse jornalista e escritor – que resolveu picar a mula de Cuba enquanto podia –, sem ter lido nada diretamente de um livro dele. Até encontrá-lo na estante da amiga, em Poinciana, me bastava saber da resposta que deu certa vez, quando entrevistado. O repórter perguntou: “O que o senhor diria a Fidel se o encontrasse hoje” (num golpe do azar, penso eu)? Ao que Cabrera respondeu: “Você não acha que já chega?” A entrevista é de 1997! Cabrera morreu em 2005, aos 76 anos. A ceifadeira, a encapuzada confundiu as portas. Bateu na dele e poupou Fidel. Morreu cidadão britânico. Desde a década de 1960 exilado, disse que não voltaria a morar na ilha nem sem Fidel, mesmo com toda a saudade que tinha do sol, do calor de Havana.

Lendo Cabrera nas férias, me lembrei das histórias sanguinárias que se passaram no Sul de Minas antes do Estado Novo, quando vigorava a política dos coronéis sem títulos e seus capangas: o assassinato sistemático de quem ousasse levantar a cabeça. Mortos que não fazem parte de qualquer lista de reparação histórica. Mortos brancos, negros, mulatos, caboclos, índios. Mortos doutores e analfabetos. Mortos de sapatos lustrosos, botas, alpargatas ou descalços. Mortos com e sem sobrenome, enterrados com ou sem cerimônias, mas sempre acompanhados da dor silenciosa geral ou de poucos, por soluços engasgados, em tumbas de mármores, covas rasas, valas.

São muitos os episódios sangrentos por esse Brasil afora, esquecidos, ignorados pelos contadores da história oficial. São mortos à espera de um Cabrera Infante que olhe com compaixão e interesse fotos amarelecidas e traga à luz seus derradeiros dias, seus derradeiros momentos sob o jugo de carrascos locais.

Também da estante da amiga de Poinciana, li *Animal tropical,* de Pedro Juan Gutierrez. A Havana que ele descreve eu reconheço: caindo aos pedaços, fétida. Paciência e malemolência. Tesão à flor da pele. Homens e mulheres trocam sexo por perfumes, refeições, entradas em hotéis e praias exclusivas para turistas. A amiga Leda Flora me contou que a única cidade do mundo em que viu mulheres de bundas de fora, de minissaias e sem calcinhas, se oferecendo à luz do dia, foi em Havana. Eu vi mulheres se oferecendo nuas no inverno de Paris. Quando algum homem, mesmo que só de passagem, se aproxima, abrem o casaco de falsas peles e lá estão apenas de saltos 15. Não, não foi em filme da década de 1950. Foi no Pigalle, década de 1990.

A amiga de Poinciana acha Gutierrez indecente, obsceno, pornográfico, tarado, exibicionista, narciso. Para mim, ele apenas dá os nomes aos bois, até quando não os nomeia. Pica não é membro. É pica. É pau. E a genitália feminina é xoxota, boceta e é rosada, peluda. Gosmenta. Tem cheiro de peixe. Suor e sangue. Ele não faz revolução linguística nem filosófica. Dá o retrato desse imenso bordel chamado Havana.

Ca-
noa
fura-
da

Para justificar a vida
presente lembramos
até do que não aconteceu.
E, muitas vezes,
o que não deixamos
acontecer vira a mais
bela ou terrível verdade.

Dourando a pílula

O JOGO DE LEMBRAR NÃO É LIMPO NEM PARA OS CORAJOSOS. Temos sempre válvulas de escape que nos salvam daquele mergulho que poderia revolver o mais cruel, a lama do fim do poço. Lembrar é exercício de sobrevivência. Sempre arrumamos um jeito de dourar a pílula do mais trágico, do sombrio, do mais sórdido.

Para justificar a vida presente, lembramos até do que não aconteceu. E, muitas vezes, o que não deixamos acontecer vira a mais bela ou terrível realidade. Até quando exageramos no pior, douramos a pílula. Se não podemos despertar amor, compreensão, que despertemos piedade, ódio, repulsa.

Confessamos, escolhendo bem as palavras, dando-lhes a necessária racionalidade ou emoção, traições ao melhor amigo, ao grande amor que bateu asas e voou. Mas engasgamos quando tocamos, de leve, não com as unhas da raiva, mas com a pluma da condescendência, traições que praticamos, conscientemente ou não, contra nós mesmos.

Como se fosse possível nos separar do que acontece aos outros. Traído e traidor se confundem nos danos. Jesus sofreu a cruz e Judas, a forca. Só os bêbados não se importam com a hora seguinte, com o dia seguinte. E, assim mesmo, os já capazes de esquecer para sempre do que fizeram na noite anterior. Os que amanhecem largados no tapete da sala ou na sarjeta fedorenta, numa poça de vômito e sem sapatos. Lembrar-esquecer é jogo para nos distrair e aos outros; de apontar para o lado contrário quando feridas ameaçam se abrir.

Pânico em Punta Del'Este

28 DE FEVEREIRO DE 1986. PUNTA DEL'ESTE, URUGUAI, CIDADE balneário de milionários argentinos e brasileiros. Dilson Funaro, ministro da Fazenda, era esperado para encontro na cidade com colegas de países vizinhos. Logo depois, todos seguiriam para Buenos Aires, onde aconteceria a reunião do Grupo dos 42, integrado por países em desenvolvimento, preparatória da reunião de abril do Fundo Monetário Internacional, em Washington.

O contexto político-econômico do Brasil era difícil. Sarney havia substituído Tancredo Neves, eleito presidente indiretamente e que não pudera tomar posse por ter sido operado nas vésperas (morreria, como sabem, logo depois). Efetivado na presidência, Sarney não cumpriu o discurso de Tancredo, lido na posse. O primeiro presidente eleito prometendo ajuste fiscal: não gastar mais do que se arrecadasse. A inflação havia fechado 1985, o primeiro ano de mandato de um presidente civil depois do Golpe Militar de 1964, em 225,16%.

Cheguei em Punta com meu amigo César Fonseca, o Cesinha, e fomos para o hotel reservado pela maioria dos jornalistas: vi que era caríssimo, cinco estrelas, incompatível com a minha diária. Naquele tempo, não viajávamos com toda a produção prévia de hoje. E, muitas vezes, chegávamos a um lugar sem hotel definido e sem esquemas acertados de como passar nossas matérias.

Hotéis, eram os que estivessem mais à mão. E, muitas vezes, dividíamos quartos com colegas de diárias mais poderosas. Para transmitir matérias, tínhamos três referências para uso de telex: os próprios hotéis, agências dos Correios ou do Banco do Brasil, espécie de embaixada informal dos brasileiros no exterior. Emergencialmente, ditávamos nossos textos por telefone, em ligações caríssimas. As discagens diretas internacionais a cobrar já funcionavam bastante bem à época. Mas era sempre um transtorno. Novas versões do fax foram grandes avanços. Livrou-nos de teletipistas que sabiam nada de português e sempre sem muita paciência para nós.

Estávamos mortos de fome e seguimos direto para o restaurante luxuoso do hotel. Os garçons eram velhinhos, desses que andam bem devagar e mãos trêmulas. Ficou-me, então, claro o resultado da imigração naqueles últimos anos de 700 mil jovens uruguaios para o mundo inteiro, depois de uma ditadura que vingou também por lá e de desgraceiras econômicas. Lembrei-me de, quando era criança, meu pai dizendo que o Uruguai era a Suíça da América Latina, um país de pessoas instruídas, bem vestidas e de boa renda.

Minha primeira providência, depois do almoço, foi procurar um hotel mais barato. A segunda foi visitar o centro de imprensa para me credenciar e aí, para meu terror, constato que não havia máquinas de escrever manuais, só elétricas e bastante sofisticadas, já com vários comandos automáticos para tamanho de letras, de linhas. Apertava-se um botão e apagava-se trechos inteiros e outras *cositas* mais.

Fazia pelo menos uns dois anos que eu teimava em ficar com minha velha Olivetti, na sala de imprensa do Ministério da Fazenda. Expulsava quem chegasse lá querendo trocá-la. Eu achava que, sem aquele barulhinho e o natural peso das teclas das manuais, meu pensamento pifaria. Resultado: tive uns dez minutos para aprender operar uma máquina elétrica que para mim só podia ter vindo de outro planeta.

Era de tarde, quando o grosso dos jornalistas brasileiros chegou. E, cada um, já recebia, na portaria do hotel, recado urgente das respectivas redações: "Volte, Funaro não viaja. Acabou de ser anunciado o Plano Cruzado." Celso Pinto, da Gazeta Mercantil, nem chegou a se credenciar para o evento. O Cruzado pegou a todos de surpresa. Momentos antes do anúncio, alguém da Redação de Brasília havia informado aos colegas de São Paulo: "Pasmaceira na Esplanada. Nada acontece aqui."

Que nem barata tonta

O PLANO CRUZADO, QUE COMEÇOU A VIGORAR EM 1º DE MARÇO de 1986, foi uma reforma monetária — o combalido cruzeiro perdeu três zeros e passou a se chamar cruzado —, acompanhada de um congelamento, por um ano, de preços e de salários. Os salários foram convertidos pela média dos últimos seis meses mais um abono de 8%, o que se revelaria um desastre. Passados quatro meses, a massa salarial que havia crescido abruptamente fez desaparecer os produtos com preços congelados das prateleiras.

Mas nada disso ainda estava no horizonte, nos primeiros dias. O povo estava eufórico com as mudanças e o governo colhia rapidamente bônus político. Apareceram vários fiscais do Sarney no *Jornal Nacional* fechando supermercados rebeldes contra o congelamento de preços. Com tudo isso acontecendo no Brasil, nós jornalistas que estávamos em Punta del'Este para uma reunião de ministros da Fazenda de países vizinhos, não tínhamos nada a fazer na cidade. Funaro, o ministro brasileiro, com anúncio do Cruzado, havia cancelado a viagem. Toda nossa pauta perdera, de repente, relevância. Muitos retornaram imediatamente ao Brasil. Fui orientada pelo meu editor a permanecer e fazer a agenda do então ministro das Relações Exteriores, Abreu Sodré.

Fiquei, assim, que nem barata tonta atrás de quem eu não tinha qualquer acesso. Já nesta época, Sodré locomovia-se com dificuldade e andava apoiado em uma bengala. Descobri que a agenda dele estava vinculada à de Funaro e que ele simplesmente havia resolvido dar um rolé por Punta, antes de retornar ao Brasil. E eu, de táxi, seguindo o carro dele.

– Pra onde vai este ministro?

– Pra lugar nenhum. Vai passear pelas redondezas de casas belíssimas da cidade – me disse o taxista.

E assim eu conheci também esse luxo. Até que ele parou e me deu uma entrevista. Claro que comentou o Plano Cruzado e isso já me rendeu o dia.

Meu parceiro Cesinha, tão perdido quanto eu, como sempre não titubeava, mandava quilômetros de matéria comentada para o *Jornal de Brasília*, entremeados de uma fonte diplomática anônima aqui, de uma fonte empresarial, também anônima, acolá. Bem, acabada a tarefa, passeamos pela marina de Punta, com direito a uma parada para delícias marinhas e cerveja gelada.

Fazia sol, mas o vento não deixava nenhum calor se estabelecer. Fomos até uma feirinha de artesanato. Comprei umas coisinhas, inclusive um cinzeiro na forma de um pezinho e nele escrito Recuerdo de Punta. Mas o melhor haveria de vir. O sol caiu e a temperatura também, absurdamente. O que não intimidou as lindíssimas argentinas de cabelos lisos e longos, esguias, de micro shorts, meias e blusas coloridas de lã, saírem pelas ruas do centro em bandos barulhentos, para delírio dos brasileiros.

Encontramos, sozinho, andando pela marina, um jornalista argentino e começamos a conversar. Nunca vi alguém se lamentar tanto: de ganhar pouco, de morar mal, de Buenos Aires ser um mar de cimento, sem montanhas, sem florestas; que o ponto mais alto da cidade só tinha oito metros; que as mulheres argentinas eram umas chatas; que o povo argentino, inclusive ele, era deprimido; que os pampas eram um deserto verde. Bem, para resumir, que tínhamos sorte de ser brasileiros.

Não me lembro qual o rumo que o Cesinha tomou. Noutro dia fui sozinha de ônibus até Montevidéu. De lá iria de avião, na data prevista, para Buenos Aires, cobrir a reunião do tal Grupo dos 42.

Rio
da Prata

PRIMEIRA SEMANA DE MARÇO DE 1986. CHEGO À RODOVIÁRIA DE Montevidéu de tardezinha e vou até o escritório de Turismo pedir uma indicação.

— Um bom hotel e barato?

— Só atravessar a rua, aquele prédio alto ali! — me disse o atendente em um português quase perfeito.

Quando viu meu espanto, completou:

— Aqui não é que nem em São Paulo ou Rio, a região perto da Rodoviária é segura e não há prostitutas na rua, você pode andar sozinha de madrugada que nada lhe acontece.

Passei dois dias em Montevidéu, o tempo do resto da programação de trabalho que não houve em Punta. O hotel era grande e confortável e o recepcionista disse que me botaria em um dos andares mais altos para que eu pudesse dormir longe do barulho das ruas. Disse-me também para sair para conhecer a cidade à noite e que ali perto acontecia uma Feira de Vinho.

Depois de um banho e de descansar um pouco fui para a tal feira e achei tudo muito bom. Lá tive contato com a legítima *parrilha*, uma mistura de carnes e embutidos bovinos grelhados, servidos em fartas porções. Eu me sentia confortável andando sozinha, as pessoas eram amistosas e a noite, fria e linda.

No outro dia, andei por todo o centro histórico e almocei uma carne divina sendo paparicada a todo instante por outro garçom velhinho. Havia muito barulho de demolições. Por mim, tudo ficaria do jeito que estava e que me lembrava Madri.

Dia seguinte, estava eu dentro de um táxi a caminho do aeroporto por uma avenida beirando o rio da Prata; o rio-mar separa Montevidéu de Buenos Aires, meu próximo destino de trabalho. O Prata é o estuário criado pelos rios Paraná e Uruguai, formando sobre a costa atlântica da América do Sul uma massa de água de 290 quilômetros de largura, no ponto onde as águas deixam de ser doces e ganham o sal oceânico.

O voo é tão breve que o avião quase nem ganha altura e o bom é que podemos apreciar aquele mundo de água abaixo de nós. Do meu lado um empresário uruguaio falava da limitação do mercado consumidor de seu país, não tanto pela renda, mas por falta de escala.

– Sem exportar para o Brasil e a Argentina não temos chance alguma – disse.

"Não vai dar certo"

EM BUENOS AIRES, ACHAMOS UM HOTEL MUITO BEM LOCALIZADO e baratíssimo. A diária era de apenas sete dólares, sem café da manhã, é claro! Nossa! Deu para imaginar quanto nos sobraria em dinheiro das diárias. Daria até para algumas compras.

O quarto do hotel era bastante espaçoso e fui logo descerrar as cortinas para ver a paisagem! E... depois das cortinas o que tinha? Uma parede. Sim, era um quarto sem janelas. Liguei para a recepção e me disseram não entender qual o problema, bastaria que eu deixasse a ventilação entrar pela porta aberta do banheiro. Testei e deu certo. Pelo vitrô entrava um vento constante e gostoso. Pensei que por sete dólares tudo estava bom demais

Logo depois de nos instalar, saímos, Cesinha e eu, a bater pernas por aquela cidade de ruas charmosas, passeios largos, incontáveis livrarias e cafés. A comparação com Paris é quase imediata. E eu me lembrei do jornalista argentino que encontramos em Punta e não via razão alguma para odiar aquela cidade.

O melhor de tudo é que chegamos de Montevidéu, não pelo aeroporto de Ezeiza, bem fora da cidade, mas pelo Aeropark, perto do centro, e que está para Buenos Aires o que o Santos Dumont está para o Rio de Janeiro. Quando se desce, a impressão é que se está pousando nas águas do Plata, só depois é que se vê a pista.

Logo ficamos sabendo que uma horda de jornalistas brasileiros já estava em Buenos Aires para a reunião do Grupo dos 42, preparatória à Assembleia Anual do FMI, em Washington. Era o primeiro compromisso internacional do ministro Dilson Funaro, apenas alguns dias depois da edição do Plano Cruzado. Nem é preciso dizer que trabalhamos que nem loucos, ouvindo todas as autoridades possíveis, principalmente pessoas da equipe econômica do governo argentino.

Cesinha era incansável na busca de conversas paralelas e como não éramos concorrentes fazíamos juntos as entrevistas ou em dobradinha (um passava o que tinha apurado sozinho para o outro). Eu, cautelosa, sempre colocava um redutor considerável nas informações que ele me passava.

Antes de Funaro chegar, deu tempo para um *tour* de ônibus pela cidade, quando conheci os principais pontos turísticos e até caminhei sobre o seu ponto mais alto, um jardinzinho com uma placa indicando oito metros acima do nível do mar.

Também andamos pela periferia e vi o mar de cimento do qual o amigo argentino havia nos falado e lhe dei razão. Triste. Fiquei sabendo que os jornalistas argentinos ganhavam super mal e, sem ser correspondentes estrangeiros, não encontrei sequer um que morasse na parte bonita de Buenos Aires. Nem a linda e simpática Yasmin que deixou os coleguinhas brasileiros de água na boca, mas era casadíssima!

Enquanto nos esfalfamos, um jornalista desconhecido com um levíssimo sotaque gaúcho, infiltrou-se entre nós. Mas o estranho é que ele não agregou, ao se apresentar, para qual jornal trabalhava. Eu perguntei, perguntei até que descobri que, na verdade, era russo, e trabalhava para a Agência Tass. Eu então lhe perguntei, na lata, se era da KGB, já que se comportava estranhamente e os russos sempre acusavam os correspondentes americanos de serem da CIA.

O encontro do Grupo dos 42 já havia começado oficialmente quando, enfim, Funaro aparece, entrando triunfalmente no auditório. Jornalistas brasileiros, correspondentes e enviados especiais de todos os países o cercam. *Flashes* espocam. Luzes de câmeras de TV aquecem o ambiente.

Funaro ajeita o paletó, era muito elegante, sorri e diz com convicção:

– Os brasileiros estão de parabéns. Nossa inflação já é menor que a da Suíça. Aliás, vamos ter deflação. O Plano Cruzado acaba de mudar a história econômica do Brasil.

Funaro estava no paraíso. Não andava, flutuava entre nuvens lilases e douradas, certo do milagre. Olhamos atônitos um para o outro. Cesinha abaixou a cabeça, deu um risinho torto e disse solene:

– Não vai dar certo.

E o que era doce se acabou

DEPOIS DE QUASE DUAS SEMANAS FORA, ERA HORA DE ENFRENtar a cobertura da fera chamada Plano Cruzado em Brasília. Amanhecíamos e anoitecíamos na portaria do Ministério da Fazenda. Colegas dormiam no sofá da sala de imprensa da Sunab (Superintendência Nacional do Abastaecimento), aguardando as malditas listas de preços congelados.

Cada dia uma agonia, uma lista diferente, tanto de preços no atacado como no varejo. Uma insanidade! Tudo era levado na pura emoção e nós jornalistas à beira de ataques de nervos. Vivíamos praticamente acampados, não só na Fazenda, mas também nos palácios do Planalto e da Alvorada.

A economista Maria da Conceição Tavares, portuguesa de nascimento, falante e passional em intervenções públicas, fez de suas lágrimas o ícone da emoção brasileira diante do Plano Cruzado. Tomou a defesa do pacote econômico do governo José Sarney e, em programa de entrevistas da Rede Globo, chorou diante de milhões de brasileiros ainda confusos com a novidade.

– Nunca tive motivos para me orgulhar de economistas, mas a descrença transformou-se em esperança com a formulação do plano – disse ela, com o peito inflado, ao ver na equipe do ministro da Fazenda Dilson Funaro, ex-alunos seus: João Manoel Cardoso de Mello e Luiz Gonzaga Belluzzo.

O bóton com os dizeres "Sou Fiscal do Sarney" é um dos mais famosos do marketing político brasileiro. O momento é de euforia patriótica alimentado pelo desejo do brasileiro de se ver livre da inflação.

Quatro meses depois de lançado, o cruzado começou a fazer água. O aumento da massa salarial e o consequente maior poder de consumo da população, no contexto de uma economia fechada, fez produtos de primeira necessidade desaparecerem do mercado. Ágios na compra de bens duráveis ou não começaram a pipocar. Contas internas e externas desequilibradas. Tempestade perfeita.

Desastre anunciado

EM 21 DE FEVEREIRO DE 1987, UM ANO APÓS A EDIÇÃO DO PLANO Cruzado, o presidente Sarney anunciou o pedido brasileiro de moratória em rede nacional de rádio e TV. Maílson da Nóbrega, que chefiou o ministério da Fazenda de janeiro de 1989 a março de 1990, viu o desastre de perto: a deterioração da imagem e do crédito do Brasil nas principais praças comerciais e financeira do mundo.

Quando a moratória foi declarada, Maílson era diretor do European Brazilian Bank — Eurobraz, em Londres, no qual representava o Banco do Brasil, um dos integrantes do consórcio. Em 1988, o Banco Central já tinha disponíveis as perdas acumuladas do Brasil, em linhas de crédito e de investimentos diretos. Mas continuava impossível calcular os negócios desfeitos ou suspensos, a partir dessa medida. Os efeitos negativos iriam se prolongar ao longo do tempo.

Assim, o ato mal pensado, do qual o presidente Sarney se arrependeria, contribuiu para acelerar a busca de saídas para a crise da dívida externa. Os países devedores acabaram se beneficiando da moratória brasileira. Nós só perdemos.

Fiasco total. O governo Sarney acabaria melancolicamente. Maílson substitui Funaro no Ministério da Fazenda. As medidas que coloca em prática, o Plano Feijão com Arroz, foram apenas para impedir que a economia explodisse até que um novo presidente assumisse com força suficiente para promover as mudanças que o país precisava. Mas aí aconteceu o furacão Collor e outro desatino.

Car-
tas
chile-
nas

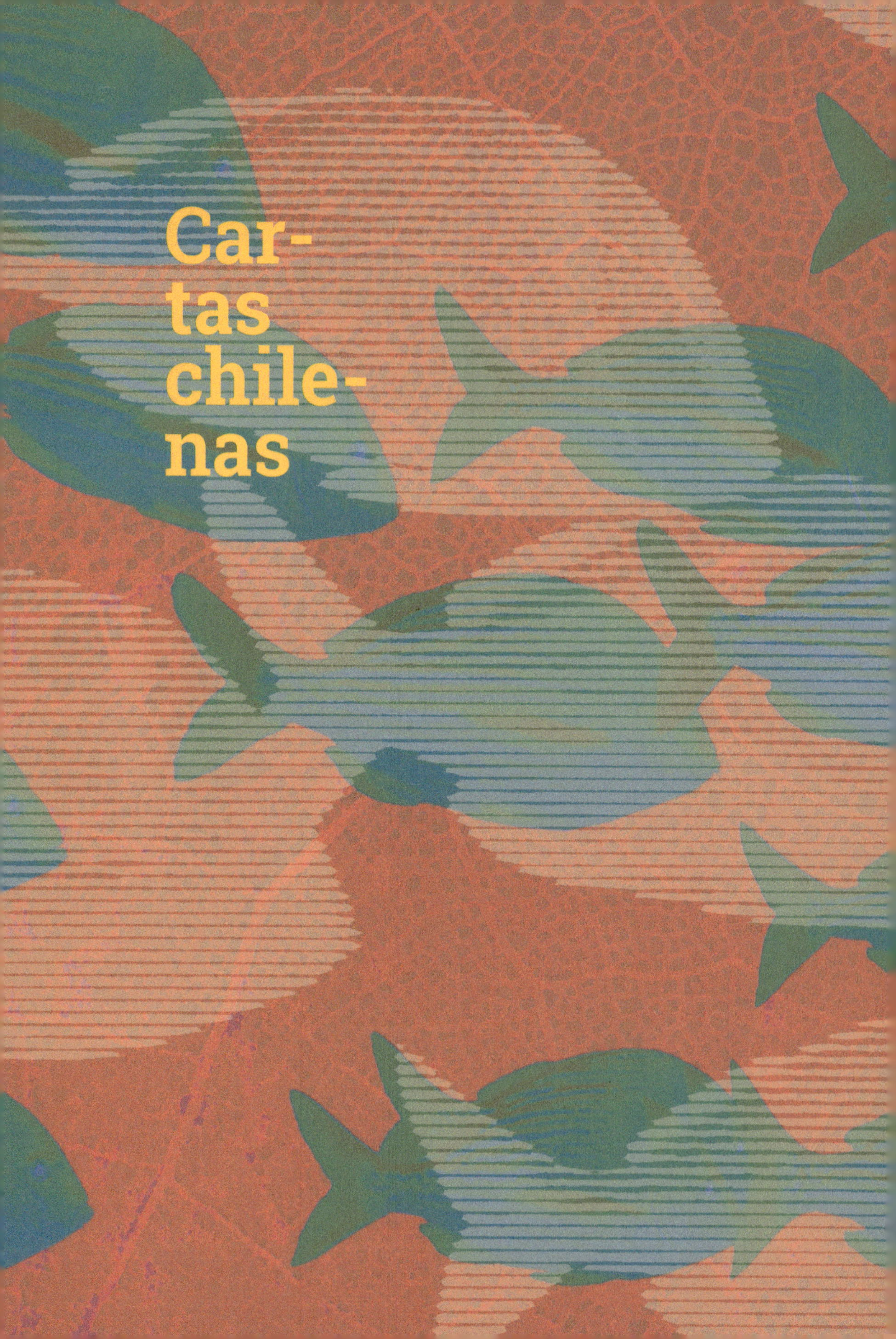

A água dos rios e do mar virou nuvem, virou chuva, virou neve que cobriu as montanhas. Aquecida pelo sol, vira água novamente e dá vida ao Mapocho que, como o São Francisco, o Riacho do Navio, o Tejo ou qualquer riacho de aldeia, corre para o mar.

Canastras sujas

AS CARTAS DAS MINHAS LEMBRANÇAS SÃO CANASTRAS SUJAS. Não resisto a um curinga que feche o jogo, mesmo que o desvalorize. Não busco um resultado final além do bom. Sei como funciono, como trabalho e escrevo. Se me proponho a organizá-las demais, a me deixar levar pela precisão dos detalhes, acabo desistindo de escrever.

Conhecendo como conheço meu processo de fazer, resolvo que vou seguir escrevendo, na ordem em que foram anotadas essas lembranças advindas desse estado alterado de consciência, efeito da altitude. Registro *flashes* de minha vida. Quem sabe ganhem luz qualquer dia. Quem sabe viverão no limbo dos nascidos, mas não batizados pela opinião alheia. Brincarei de preencher lacunas entre uma lembrança e outra, entre minhas verdades e mentiras, entre minhas possibilidades de vida e o que imagino ter realmente vivido. Farei isso, como sempre faço, até me esfolar, até sangrar. Ou até me safar.

Anoto aos trancos e barrancos, e muitos garranchos impostos pelo acaso ou descaso da vida certamente nunca serão decifrados. Acabo de me lembrar que levo um notebook na bolsa, neste meu voo Miami-Brasília. Mas continuo com meus rabiscos. Faz tempo que não escrevo à mão.

Fui displicente no jogo da vida. Só decido na hora agá. Ao escrever a matéria do dia, enrolo um pouco pelos corredores, até que se aproxime o maldito, o bendito *deadline*. Só assim, na urgência, sob a pressão do editor, aos berros do outro na linha telefônica, é que o texto escorre rápido.

Essa urgência me navega agora enquanto passo para o papel o que eu vivo e vivi; me dá rumo e ao mesmo tempo me desnorteia. Mais uma vez viajo para casa. Estou sempre voltando para casa. E, dessa vez, ninguém me espera. Nem a Naná, a cachorra, meio vira-lata, meio fila, mora mais comigo.

Dunas submersas, ostras peroladas

NOVEMBRO DE 1997. VOO SÃO PAULO-SANTIAGO. CHILE E BOLÍVIA disputam lugar na Copa do Mundo, outra vez na França. O piloto informa cada gol chileno com entusiasmo na narração. Festa, gritaria chilena. – Algum boliviano presente? — indaga o provocador. Ninguém se manifesta.

O piloto encerra sua participação especial no jogo de vida ou morte, informando o placar de três a zero pro Chile, seguido de um patriótico "Vamos a Francia!". Aplausos. Brasileiros a bordo em silencioso desdém. Afinal, o Chile nem foi classificado para as duas copas anteriores.

São quase oito da noite, hora chilena. No Brasil, quase nove. Ainda é dia neste horário de primavera quase verão. O avião deixa para trás nuvens pesadas. A cerração acaba e o que se vê? O que meus olhos e coração veem pela primeira vez? A cordilheira. Os picos andinos nevados de pontas douradas pelo sol que parece lutar para não morrer.

Já neste outro lado do continente, o avião sobrevoa os Andes e "em que bar, em que cinema te esqueces de mim?" A letra treme ou é o avião que treme? Não me desgrudo deste mar de picos nevados enfeitados de colares em rosa e ouro. Mergulho em visões inesperadas de cardumes coloridos, famílias de cavalos-marinhos, dunas submersas, ostras entreabertas com pérolas à mostra. Submerjo e só reapareço no saguão do aeroporto.

A amiga Andrea me espera numa caminhonete daquelas enormes e vamos navegando por um asfalto macio até o apartamento dela num prédio antigo de três andares com grande área ajardinada aberta na frente.

É um lugar tombado, de atmosfera meio parisiense e romântica, em Las Condes, bairro nobre de Santiago, onde cuidadores de crianças, de idosos, de cachorros e de jardins andam sempre uniformizados. Senhores de ternos às dezenas pelas ruas arborizadas e senhoras de saltos altos, bolsas de mão, joias e cabelos arrumados.

No edifício de Andrea moram vários artistas e as vizinhas do lado são duas velhinhas que pregaram na porta da entrada uma estampa de Jesus. Em dias de terremotos, quando tudo treme aqui, saem pelos corredores a rezar com imagens de santos nas mãos.

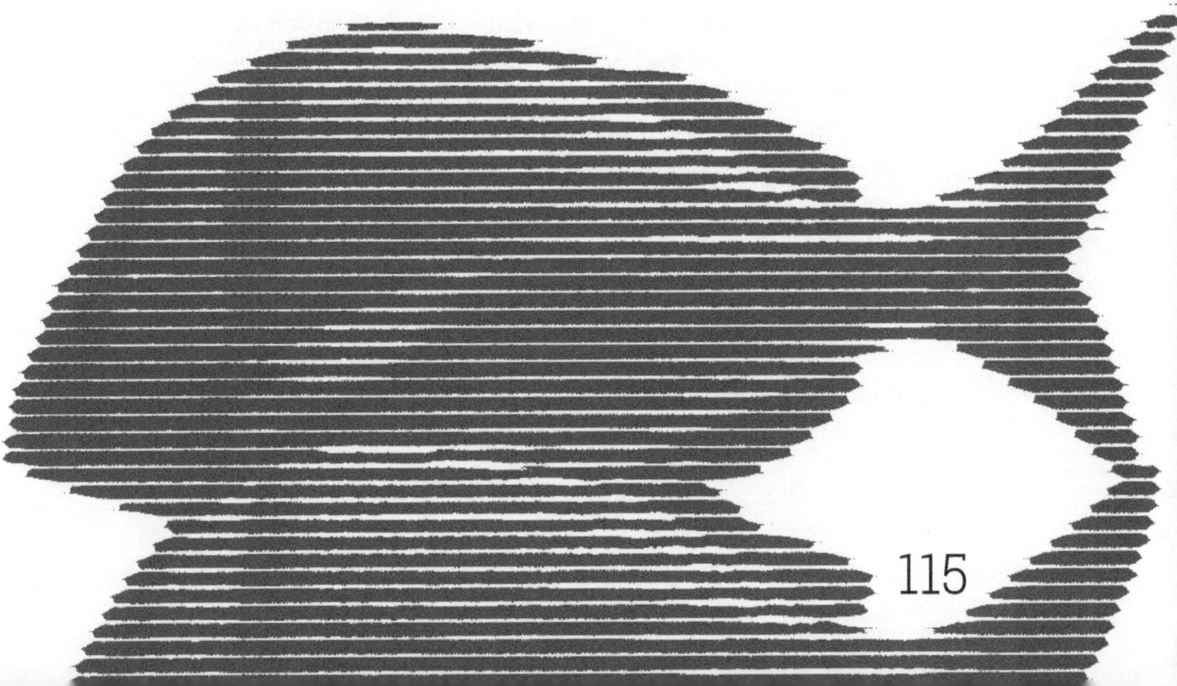

Com o FMI nos calcanhares

A MISSÃO DO FMI FAZ PÉRIPLO PELO BANCO CENTRAL E ESPLANADA dos Ministérios, em Brasília. A discussão é se o governo Fernando Henrique partirá ou não para um acordo formal com a instituição. Também se discute se haverá desvalorização da moeda.

Estou em Santiago do Chile, pela primeira vez. E, se aqui a situação econômica é mais calma, a política está quente. Há muito debate sobre a decisão do general Pinochet assumir uma cadeira vitalícia no Senado. Há os que acham essa intenção inadmissível, mas há quem o defenda publicamente em debates televisivos.

A Central Única de Trabalhadores daqui programou manifestação contra a globalização, o neoliberalismo e também contra Pinochet. No dia 11 de dezembro, haverá eleições parlamentares. Já se sabe que a Democracia Cristã fará os dois senadores pelas circunscrições eleitorais de Santiago.

La Concertación Nacional por la Democracia, que abrange a Democracia Cristã, o Partido Socialista, o Partido pela Democracia e o Partido Radical, terá 40% dos votos; a Direita, formada pelos partidos Renovación Nacional e União Democrática (fascista), 30%; o Partido Comunista, que ainda não mudou de nome aqui no Chile, terá pelo menos 10% dos votos. É a expectativa. Há ainda dois outros partidos, a União de Centro Direita e o Humanista. Tudo indica também que, no geral, não só em Santiago, os partidos que sustentam o governo sairão vitoriosos nas eleições parlamentares.

Os chilenos mostram-se bastante decepcionados com a esquerda. Dizem que muitas lideranças chegaram do exílio e, na condição de ex-perseguidos pelo regime de Pinochet, enriqueceram com a ajuda que tiveram e continuam tendo de governos, como o da Noruega.

Muitos jornalistas, professores universitários e estudantes me dizem que anularão o voto nas próximas eleições. Quase todos me falam de Allende como se ele houvesse morrido ontem e já faz 24 anos. Os mais velhos me contam histórias da Unidade Popular com orgulho, saudade e tristeza.

Estou aqui para a cobertura da reunião de ministros da Economia das Três Américas pelo InvestNews da *Gazeta Mercantil*. Os Estados Unidos mandaram representante, prestigiam a reunião. Saio logo de manhã para o Ministério da Fazenda. Converso com o secretário-executivo da reunião, Heinz Rudolph Herrera, assessor para Assuntos Internacionais do ministro chileno Eduardo Aninat.

Herrera me diz que nessa reunião de Santiago deve-se avançar na construção de mecanismos regionais mínimos de regulação e supervisão bancária para se evitar, por aqui, crises como a asiática. Essas medidas são indispensáveis a uma integração regional de fato, a expectativa do momento. Vamos ver!

O edifício do Ministério da Fazenda fica ao lado do palácio presidencial La Moneda. É antigo e nada funcional. Edifício fantasma. Poucas pessoas trabalhando, sala e corredores vazios. A Reforma Administrativa foi radical por aqui. A maioria dos serviços são terceirizados, os de imprensa também. Paula, "la periodista" oficial do Encontro, nos recebe muito bem e diz que não é funcionária da Fazenda. Foi contratada pelos organizadores apenas para o evento.

Almoço com Andrea na Universidade do Chile, onde ela trabalha na Assessoria de Imprensa. Pela primeira vez andei de metrô aqui em Santiago. É bem bonito, limpo e moderno. A linha 1, a que eu pego, passa sob a Alameda, avenida que corta toda a cidade no sentido mar-montanha ou Leste-Oeste (Oriente e Poniente). Começa com o nome Alameda, na parte antiga da cidade, que é a saída para o mar, o Poniente. Depois, a mesma avenida vira Providência e já na parte mais moderna, em direção às montanhas, Apoquindo, nome de um cacique indígena.

Quando esta avenida passa a se chamar Apoquindo, já estou chegando à casa de Andrea. São oito estações desde o centro antigo de Santiago. Estou na parte oriental da cidade, do lado do sol nascente. Quando se sai do metrô opta-se pela Vereda Norte ou Vereda Sur, conforme o lado da avenida que se queira estar. No meu caso, é Vereda Norte. Santiago aguça-nos o senso de direção.

Mariscos e boleros

HOJE CONHECI CRISTOBAL QUE, DURANTE A DITADURA Pinochet, viveu cinco anos clandestino na Argentina. Faz pouco que conseguiu esta vida normal de emprego, amigos, namorada. Quer viajar, conhecer o Brasil, o mundo. Fomos com Andrea comer no mercado de Santiago, um lugar muito especial, onde se vende as mais lindas verduras, frutas, peixes e mariscos. Muitos mariscos.

Almoçamos ao som de boleros. Cantores e seus violões fazem a ronda por restaurantes, dos mais simples aos sofisticados.

Paramos em um velho conhecido de Andrea. Aqui se come muito marisco e peixe crus. Variações do ceviche peruano. Alguma delas, ainda mais temperadas. A iguaria se espalhou pelo Chile, principalmente por Santiago, pelas mãos dos trabalhadores domésticos vindos do Peru.

O vinho da casa era espesso sem ser licoroso, bastante frutado. O mercado é um espetáculo para os nossos sentidos, que se aguçam à medida que caminhamos, observamos, tocamos e degustamos. Todo tipo de fruto do mar, os mais estranhos, estão ali expostos à venda. A maioria ainda vivos, mexendo-se dentro de suas conchas coloridas.

É uma construção do século passado, estilo francês, com estrutura em ferro e vidros. Faz bela composição com a antiga estação ferroviária Mapocho, desativada, e o Museu de Belas Artes. A estação Mapocho virou local de exposições. A partir desses três antigos edifícios, estende-se uma esplanada ajardinada em direção às montanhas. O Mapocho com suas pontes corre ao lado dessa esplanada. Se estamos em frente do mercado e olhamos à esquerda, o que vemos? A cordilheira. Claro!

"Hay países que yo recuerdo como recuerdo mis infancias"

"Son países de mar o río, de pastales, de vegas y aguas.
Aldea mía sobre el Ródano,
rendida en río y en cigarras;
Antilla en palmas verdi-negras
que a medio mar está y me llama;
¡roca lígure de Portofino,
mar italiana, mar italiana!"

CAMINHADAS PELO CENTRO ANTIGO DE SANTIAGO LEVAM AO Cerro Santa Lucia, belo jardim com mirante que marca a fundação da cidade pelos espanhóis. Nesse jardim pode ser visto um grande painel de azulejos em homenagem a Gabriela Mistral, poeta chilena que ganhou o Nobel de Literatura em 1945.

Nascida Lucila de María del Perpetuo Socorro Godoy Alcayaga, em Vicuña, a 7 de abril de 1889, Mistral faleceu em Nova York, em 10 de janeiro de 1957. Além de poeta, foi educadora, diplomata e feminista. Seus poemas evocam memórias pessoais para ressaltar perdas e danos, e também superações. O pseudônimo é homenagem aos seus poetas prediletos: o italiano Gabriele D'Annunzio e o provençal Frédéric Mistral.

Mistral é nome de vento, o catabático, do grego *katabatikos*, que significa "descendo colinas". O vento que transporta ar de alta densidade de uma elevação ao descer as encostas em virtude da ação da gravidade. O Mistral é também chamado "vento de outono". É seco e frio, e varre as regiões das Baleares e da Córsega. Não é o mesmo vento que varre o Chile. Mas os chilenos entendem o Mistral. O vento que venta aqui é seu semelhante.

Saudades de Allende

A RUA CONCHA Y TORO, NA PARTE ANTIGA DE SANTIAGO, desemboca em uma pracinha com uma linda fonte no centro. Aqui moram pessoas consideradas "do povo" por quem é de Las Condes, Vita Cura ou mesmo os que vivem nas montanhas, porta de entrada dos Andes. Muitos estudantes, artistas, jovens casais em busca de aluguéis mais baratos ou gente que simplesmente vive aqui desde sempre.

Dizem que é área condenada, já marcada por sucessivos terremotos e habituais tremores que nem alteram o cotidiano de Santiago. Colada ao centro, tem bom comércio, além do metrô à porta. Mas pessoas com dois ou três sobrenomes aqui não moram.

Conheci pais e mães que sofrem quando filhos optam por moradias na parte antiga da cidade para fugir de um estilo de vida regado a chá à inglesa, às cinco da tarde. Nada contra esse chá, acompanhado de panquecas doces recheadas. O problema é que menos três horas depois o jantar é servido.

Mulheres chilenas de Las Condes e Vita Cura, às vésperas do século 21, se trabalham, largam o emprego para cuidar da família. Crianças estudam em colégios bilíngues e os uniformes que usam, talvez só na Inglaterra ainda sejam vistos.

Chilenos dos botecos da praça e avenida Brasil não têm o menor respeito por cerveja e a misturam com qualquer porcaria doce como Fanta. Vi isso em Paris também. E, assim como os de Las Condes e Vita Cura, esquentam a garrafa de vinho direto na chama do fogão quando as noites são mais frias. E o pisco é paixão nacional.

No início da noite, carros da polícia fazem ronda nas ruas da Santiago antiga. Os botecos só têm permissão para poucas mesas e cadeiras, no máximo umas quatro, na calçada. Quem transgride é imediatamente convocado a recolhê-las. A maioria dos frequentadores desses botecos tem ou teve alguma militância política. Criticam o governo. Tem saudades de um futuro sonhado que não condiz com o que se vive no presente. São jornalistas, professores, artistas.

Maritza, que conhece bem o Brasil, é taxativa:

"A maioria dos homens brasileiros se casam e seguem namorando *las niñas*".

Aqui no Chile, já às vésperas do século 21, não há divórcio e há uma grande campanha nacional, no momento, liderada pela Igreja Católica, para continuar não tendo. Nem Maritza, que já viajou tanto e é tão esquerdista, sente-se confortável com a discussão.

Terminamos a noite entre amigos num bairro bem popular e bonito de Santiago, o La Reina, construído a partir de um programa habitacional ainda do governo Allende. É um parque de árvores frondosas e ruas compactadas, mas não asfaltadas. Ainda se referem ao La Reina como o bairro de esquerdistas.

A senhora dona da casa tem saudades do governo da Unidade Popular, o de Allende, e desfia lembranças. É uma senhora de porte elegante, corajosa, preparada para uma revolução que não aconteceu, nem acontecerá. Conta que nos meses anteriores ao golpe que derrubou Allende, a população sofria com o desabastecimento de produtos de primeira necessidade. Com os militares no poder, tudo estava disponível no outro dia.

O rio que se perde na terra

O MAPOCHO CORTA SANTIAGO E, JÁ NA PRIMAVERA, EM OUTUBRO e novembro, é forte a correnteza formada pela neve derretida da Cordilheira. A orla do rio é toda ajardinada. Ponto de encontro de velhinhos e de jovens namorados.

As pontes sobre o Mapocho, algumas são bem bonitas, me lembraram as que vi em Matanzas, Cuba. A Cordilheira é onipresente, mágica. Milhares e milhares, milhões de chilenos, das cidades e dos campos, quando abrem as janelas de suas casas, dos escritórios e fábricas, o que veem? Sempre? Veem os picos translúcidos da Cordilheira, envoltos em nuvens coloridas, em arco-íris, que se projetam em infinitos espelhos. Assim, simplesmente, como vemos o verde que se esparrama pelas quadras de Brasília.

O Mapocho nasce nos arredores de Santiago. As águas que despencam da Cordilheira, na primavera e no verão, alimentam o rio que, em determinados trechos, penetra o escuro de cavernas abissais. Reaparecem, súbito, mais adiante, no claro da superfície. Mapocho, o rio que se perde na terra. O nome define como o rio se apresenta.

O sol de primavera quase verão derrete a neve andina que escorre por caminhos de pedras, água grossa, leitosa, da cor de chocolate.

Gostaria de dizer que a água que escorre das montanhas e engrossa o Mapocho é bem branca, branquinha que nem leite ou quase anil, azulada, transparente como a vemos ao cair, feito neve, em flocos.

Mas não é bem assim. Ela escorre barrenta e é essa a cor do Mapocho quando passa por Santiago a caminho do mar, destino de qualquer rio andino ou não. Mesmo que a cor não corresponda à nossa expectativa romântica/poética, é bonito de se ver que na natureza, como já disse o sábio, “nada se cria, tudo se transforma”.

A água dos rios e do mar virou nuvem, virou chuva, virou neve que cobriu as montanhas. Aquecida pelo sol, vira água novamente e dá vida ao Mapocho que, como o São Francisco, o Riacho do Navio, o Tejo ou qualquer riacho de aldeia, corre para o mar. A água do mar e dos rios vira nuvem que vira chuva, que vira neve que vira rio e vira mar novamente. Mapocho, rio de vida breve. Apenas 110 quilômetros, e ainda assim porque dá volteios pelas montanhas, e já morre no Pacífico.

Quase verão nos Andes

VENCIDAS AS 45 CURVAS, A PARTIR DO PONTO DA ESTRADA VINDA de Santiago que indica os centros de esqui, chega-se a Farallones, um *pueblo* encravado onde a montanha é mais suave. São muitas casas, chalés particulares e os refúgios, instalações simples como nossas pousadas no Brasil.

Na maioria, não há quartos com camas de casal. Só quartos entulhados de beliches para acomodar famílias ou grupos de esquiadores. Pergunto se ninguém procura os refúgios para namorar. De pronto, me respondem:

– Não, aqui o pessoal vem para esquiar mesmo. Es-qui-ar!

Perto de Farallones estão La Parva (acima) e Colorado (abaixo) com seus grandes edifícios de apartamentos e hotéis. É quase verão, os teleféricos, que levam esquiadores aos diversos estágios das montanhas, estão parados. Mas aqui onde estamos há muita neve ainda. Mais adiante, várias, inúmeras fileiras de montanhas cada vez mais altas, estas sim completamente brancas. Sempre.

O tempo não está totalmente aberto. Pode-se apenas vislumbrar, depois da cerração, a infinidade de picos brancos azulados, translúcidos. Venta bastante e aumenta o frio. Estamos sem agasalhos e de sandálias. Tiro minhas últimas fotos.

Sem os teleféricos em funcionamento é impossível conhecer estágios mais altos das montanhas, a não ser caminhando. Mas isso só com roupas especiais e guias, o que não temos. Fora de época, estações de esqui são desertos sem vida. O silêncio pesa mais que o ar.

O poeta das paisagens

NO MUSEU DE BELAS ARTES DE SANTIAGO, A EXPOSIÇÃO '*ENTRE cielo y tierra*', com obras do pintor chileno Agustin Abarca (1882--1953). O pintor de nuvens, árvores, montanhas, águas e campos do Chile. O Neruda das telas.

É o poeta da natureza. Usa cores de tom pastel, tons sobre tons, e há intimidade no que pinta: os quintais, os arredores das nossas casas de crianças de cidades pequenas. O que ele pinta repercute na nossa memória, no nosso coração. E começamos a lembrar, lembrar, lembrar o que fomos, o que fizemos de nós. E há cor, e há textura e há quentura nessas lembranças.

Escrevo aqui no café do museu. Outra exposição em cartaz é a *Mestres holandeses do século de ouro*, da coleção do Museu de Utrecht, Holanda. A fama artística da cidade começou no século XVI com Jan Van Scorel (1495-1562), que difundiu a arte renascentista aprendida na Itália.

Scorel teve por seguidores: Joachim Wetewael (1566-1638), Paulus Moreelse (1571-1638) — gostei deste nome Moreelse (a tradução seria "Mais o quê?") — e Abraham Bloemaert (1566-1658). As características desses pintores são tons pastel suaves, figuras estiradas e elegantes. Deram início à atividade artística quando o maneirismo teve seu apogeu nos Países Baixos.

Bloemaert, maneirista no início de sua carreira, foi depois seguidor do mestre italiano Caravaggio (1571–1610). No fim, foi classicista. Ser caravagista é saber dar um virtuoso tratamento ao claro-escuro, estilo de imensa iluminação dramática, vinda de uma fonte oculta.

O flautista, de Bloemaert, tem características maneiristas e também caravagistas e faz parte da exposição. O artista tem outra obra aqui exposta: *A adoração dos Reis Magos*. Divirto-me em escrever nomes próprios holandeses. Rio de mim mesma, absurdo de pensar que até para eles é difícil a grafia dos próprios nomes!

Isla Negra, a casa mais amada

DAS TRÊS CASAS CHILENAS DE NERUDA, A DE ISLA NEGRA FOI A mais amada. Voltada para o Pacífico, na verdade, não é ilha, mas pequena vila de pescadores, distante pouco mais de 100 quilômetros de Santiago.

Neruda chegou a Isla Negra em 1939, onde escreveu *Canto geral*. Havia apenas uma pequena casa no terreno de cinco mil metros quadrados, que foi pouco a pouco ampliada com a ajuda do arquiteto espanhol Germán Rodríguez Arias.

A casa guarda a magia dos 3.500 objetos de todo o mundo reunidos por Neruda e espalhados pelos diversos cômodos. São obras de arte, peças de artesanato, quadros, gravuras, fotos, búzios, garrafas, mapas, instrumentos de navegação. Neruda não se considerava um colecionador, mas alguém que gostava de coisas e de acumulá-las.

"Edifiquei minha casa como um brinquedo e brinco nela da manhã à noite", disse o poeta. A tumba de Neruda e Matilde Urrutia, seu amor definitivo, fica nos jardins, de frente para o azul e os atóis do Pacífico.

Ao conhecer as delícias da cozinha chilena, empanadas de mariscos, peixes e frutos do mar, de todas as cores e sabores, cevados em água gelada, dá para entender a razão de Neruda ser tão glutão (em seus vários sentidos). Dá para entender também, diante desses sons e dessas luzes do Pacífico, a poesia de Neruda. Ela é dramática. Vem em ondas encrespadas. Bate nos rochedos com força. Resta-nos apenas a aprender navegá-la.

Não largam
o osso

HOJE VI O MAR DE NERUDA PELA PRIMEIRA VEZ. E É GELADO E É forte. Açoita os rochedos desta bela costa chilena. Rochedos escuros quando não cobertos pelo verde das algas recentes ou ferrugem das que ali secaram ao sol.

Viña, ao lado de Valparaíso, está a uns 120 quilômetros de Santiago e se pode chegar aqui por uma estrada que atravessa o vale cercado de montanhas por todos os lados.

Escrevo numa varanda debruçada sobre o Pacífico. As montanhas estão bem perto, depois dos vinhedos. As estradas, quase sempre retas, que me trouxeram aqui, correm no plano, pelos vales. Dois grandes túneis encurtam o caminho. Essa é a geografia peculiar do Chile. Estamos, quase ao mesmo tempo, no céu, na terra e no mar.

Vinhedos e mais vinhedos banhados de sol até a chegada em Viña, que começa nas montanhas e se espalha até o mar. A parte mais antiga, de belas casas e casarões, está no alto. Perto do mar, grandes edifícios de apartamentos, a parte administrativa e comercial da cidade, o cassino.

O parlamento chileno funciona em Viña, coisa dos militares que tomaram conta do país por um bom tempo desde 1973. Relutam, ainda agora, em 1997, depois de 24 anos, a largarem o osso completamente.

Bem mais do que sonhei

VALPARAÍSO ME LEMBRA NICE, FRANÇA. A CIDADE AVANÇA PElos cerros, os morros. Bairros se instalaram nas partes mais alta da cidade. O porto está sendo modernizado. Com os esforços de integração econômica regional, o Chile candidata-se à saída mais viável para o Pacífico. O Peru também. O porto, com sua multidão de *containers*, me lembrou quadros cubistas.

Cerro Alegre, bairro muito antigo, pode ser alcançado por um velho funicular de madeira que desliza vagaroso sobre um plano inclinado. E, enquanto se sobe, o porto se descortina para nós. Grandes navios e barcos parecem flutuar também sobre prédios e telhados.

Lá em cima, passamos por sucessão de ruas planas, casas de madeiras e também com paredes externas recobertas de folhas de metal usadas na construção de barcos, o que lembra um pouco La Boca, em Buenos Aires. Mas aqui, as casas são bem grandes em estilos inglês e alemão.

Jantamos à luz de velas, em um restaurante pendurado no penhasco que emoldura o Pacífico. A baía de Valparaíso toda iluminada aos nossos pés por estrelas e luzes de barcos e navios. Paisagem que nos deixa por si só em estado alterado de consciência com ou sem mariscos, com ou sem piscos e vinho branco gelado. Céu e terra se encontrando ali, diante dos nossos olhos. O que vem e me acontece por destino é muito mais do que sonhei.

Desilusão de janelas trancadas

VOO SANTIAGO-SÃO PAULO. MANHÃ ENSOLARADA. DE NOVO SObre o mar dos Andes. O piloto avisa que o mais alto de seus picos, o Aconcágua, está ali, bem à nossa esquerda. O avião parece voar tão baixo e, como criança, penso poder tocá-lo só com um esticar de braço. Parece que nem se foi, faz tempo, o tempo de se querer uma escada bem alta para subir aos céus.

Lamento o filme na minha máquina estar no fim e, prontamente, um passageiro gaúcho me presenteia com um. O que lemos sobre os Andes não nos prepara para o assombro de sobrevoá-los assim tão perto, o assombro de ver infinitos picos em série desafiando nuvens translúcidas.

Imediatamente, o que vemos nos permite incorporar o apenas sabido abstratamente: a Cordilheira é um longuíssimo sistema contínuo de montanhas ao longo da costa ocidental da América do Sul. É como se víssemos por um espelho imagens e cores se multiplicando infinitamente. Queremos atravessar o espelho e agarrar com as mãos esse mistério grandioso. Não há medo. Só a desilusão de janelas trancadas.

Os Andes têm 8 mil quilômetros de extensão, a mesma do litoral brasileiro. É a maior cadeia de montanhas do mundo em comprimento, e em seus trechos mais largos chegam a 160 quilômetros do extremo leste ao oeste. Sua altitude média é de 4 mil metros e seu ponto culminante é o pico do Aconcágua, na Argentina, com 6.962 metros.

Os Andes se estendem da Venezuela à Patagônia. Fazem parte da paisagem do Chile, da Argentina, Peru, Bolívia, Equador, Colômbia e Venezuela. Na Colômbia e na Venezuela, ramificam-se e prolongam-se até quase tocar em o mar do Caribe. Em sua parte meridional servem de longa fronteira natural entre Chile e Argentina.

Na zona central, os Andes se alargam dando lugar a um planalto elevado, o Altiplano, partilhado por Peru, Bolívia e Chile. A Cordilheira volta a estreitar-se no norte do Peru e se alarga novamente na Colômbia para estreitar-se e dividir-se ao entrar na Venezuela. Os Andes não separam, integram.

É ouro de aluvião, é ouro fino

Um dia o velho
portão se abriu
e deixamos para trás
a parreira que vingou
de uma cepa trazida
do Vêneto.

Arrozal infinito

SOB O CASCALHO FAISCANTE, FIOS DE ÁGUA SE ENTRELAÇAM. Fortalecidos pelo encontro já se esparramam por outras pedras maiores e roliças. Viajam morosos sob o sol e por entre raízes, no escuro de cavernas até se desdobrarem em rio piscoso e ligeiro.

Próximo do rio, a várzea é verde pela paciência e pela força dos homens que trabalharam a terra como Deus trabalhou o espaço ao modelar as coisas como as vemos, plenas de cores e texturas impregnadas de luz e sombras viajantes.

A vontade temperada pela perseverança transformou sangue, suor e lágrimas em frutos. Milagres acontecem e são percebidos, deste promontório feito mirante. Morro abaixo, quase ao nível do rio que o terreno contorna, o que se percebe é o vento que, mesmo suave, dobra as folhas à própria vontade. O mesmo vento que crispa o mar e dá força ou leveza às marés.

O movimento do mar de folhas e de águas, traduzido em ondas, transferimos para outras paisagens. Corpo de mulher ou de criança brincando de tecer laços com a vida. Meu coração se esparrama sobre a várzea úmida e dele brota não pensamentos conclusivos, mas emoções soluçantes diante da grandiosidade do que acontece. Meu coração é o arrozal infinito prestes a ser colhido. Abriga, num instante, todo o cuidado e apreensão daqueles que o plantaram.

Fios invisíveis

SOU ESCRIBA. ANOTO ÉDITOS, PROCLAMAS E BOCEJOS DE faraós. Fui enterrada com cada um deles e todas as vezes um anjo me libertou da escuridão. Esse escriba me habita há milênios. Nasci repórter e mesmo antes de interpretá-los, registro os fatos. O que não deixa de ser o primeiro ensaio da interpretação.

O que escrevo sou eu e a cidade do sul de Minas onde nasceram minha avó materna e meus pais, onde nasci e nasceram dois dos meus irmãos. Um dia o velho portão se abriu e deixamos para trás a parreira que vingou de uma cepa trazida do Vêneto.

Sou as voltas que o mundo dá, deu, dará. Nem precisamos caminhar para mergulhar na vastidão ilusória do mundo. Caminhamos para chegar sempre no mesmo lugar. Antes de ser o mundo, sou minha cidade inicial. Sou o ribeirão que lhe escava as entranhas, que lhe mata a sede quando corre plácido ou a afoga quando transborda. Sou o ribeirão que vai contando suas histórias pelos caminhos até o mar e depois dele.

Ribeirões são fortes. Não morrem em outros rios. São fios, invisíveis aos distraídos, que tecem rios maiores e, finalmente, o oceano. Sempre serão reconhecidos por quem bebeu de suas águas. Sou a cidade que reluz, que se revela em meus sonhos bons e que se embrulha nas trevas dos meus pesadelos. Nos sonhos, me lambuzo de ambrosia. Nos pesadelos, a areia escaldante me sufoca.

Sou o destino viajante, nômade, dos meus avós paternos. Dos que apontam a estrela no norte mesmo em noites embaçadas, em noites sem fim. Dos que sabem que escuridão e luz moram no mesmo endereço. Destino de andarilho em busca de novos irmãos. Dos que voltam, sandálias gastas e empoeiradas, sedentos e famintos, para a cidade de sempre, para casa de sempre, os braços de sempre. Sou aqueles que se iluminam colecionando fracassos. E que sempre partem novamente, solitários, sem despedidas, sem choros, sem flores nem velas. E se não voltam é porque encontraram a casa eterna.

Sou a casa da família de meu avô materno, Giuseppe, em Civita, Calábria. A casa continua lá, inteira. O proprietário, herdeiro da família, a visita de vez em quando. Mora em Roma. No cemitério jaz um dos meus tios-avôs que imigrou para os Estados Unidos, mas deixou em testamento que queria voltar, mesmo morto. Também lá está enterrado outro tio-avô, que depois de se casar em Ouro Fino retornou à Itália a pretexto de resolver assuntos de família. Não retornou. Casou-se de novo. O sogro, inconformado com a desfeita, obrigou a filha a acompanhá-lo à Itália. Denunciou o genro como bígamo. A justiça fascista valida o casamento italiano. Ernesto prestava serviços a Mussolini.

Sou a casa de recém-casada da minha avó materna. Foi construída pelo marido em terreno doado pelo sogro, que chegou por linhas tortas em Ouro Fino, direto de Santos, depois de a família, vinda de Begosso, Vêneto, ser despejada em uma fazenda de café. A janela é encimada por uma concha marinha, símbolo renascentista da beleza. É de uma concha marinha que emerge a Vênus de Boticelli. O quadro está no Museu Uffizi, de Florença. Venerina é diminutivo de Vênus.

Tudo passa, a Itália passará também

ANNIBALE, MARIDO DE CESIRA, É A VOZ MAIS BONITA DO CORO da igreja, em Lucca. Ateu confesso, tem paixão por santos, generais antigos, viajadores, óperas, tragédias, mapas-múndi, missas em grego e latim. *Kyrie eleison! Kyrie eleison!*

Briga com pai e irmãos. Vende o que tem. Diz que logo manda buscar mulher e filhos. Zarpa para o Brasil. Nunca havia visto navio tão grande, nem tanta gente pobre junta até chegar àquele cais. Porca Itália! Bruta Itália. Mãe que mata os filhos de fome. Cospe no chão que não lhe comerá a carne. Sobe ao convés com a melhor roupa. Chapéu. Relógio de ouro no colete, corrente aparecendo. Não tira o lenço do bolso. Não debulha uma lágrima. Vai embora para sempre. Fecha os olhos. Não quer guardar nenhuma última paisagem.

Nunca mais veria os seus que não fossem filhos e mulher. Não haveria saudade que o fizesse chamar de Toscana a filha que nasceria tão longe. Não, ele não chegaria ao porto de Santos doente, nem faria quarentena. Vinha na classe de passageiro. Tinha lugar para ficar em São Paulo. Tinha ofício. Amigos anarquistas, comunistas, liberais. Não era homem de comprar briga com ninguém que não fosse da família.

Nessa vida tudo passa. Passou Tebas, passou Atenas, passou Roma. Passará a Inglaterra, que a Itália passou também. Sobe a serra de trem. A neblina esconde o mar e o trem mergulha no arco-íris para deixá-lo, homem novo em folha, na cidade, a maior de todas que já vira.

Não, na América escolhida não se pega ouro com a pá. O Atlântico engolira seu exército de elefantes! Adeus desfiladeiros! Tempestades de neve, macieiras em flor, trigais e vinhedos. Chegara em casa. Reconhece a terra que se anuncia prometida: Capua! É este aí sentado no banco da praça. É no Brás, manhã de domingo. De terno e botina lustrada. Jornal nas mãos. O amigo retratista tirou.

Rendas e tafetás

NUNCA FOI FLOR QUE SE CHEIRASSE. MAS A BEM DA VERDADE, Annibale casou-se por paixão desenfreada. De família rica, nobre, enfrentou os pais quando viu a beleza de Cesira a se gastar entre roupas para lavar e sabão à beira daquele fiozinho d'água, insistente e lerda serpente entre montanhas, vales e planícies. Apeou do cavalo e a pediu em casamento. Ela não parava de rir. Afinal, ele citadino, ela campesina. Ele rico senhor, ela pobre menina.

"Nem que eu procurasse em Napoli, Amalfi, fosse até Brindisi e seguisse de barco até Carfu, Patras e depois Atenas, mesmo que eu fosse a Viena, a Paris, não encontraria ninguém tão bela", — vivia repetindo primeiro aos filhos, depois aos netos. Cesira nunca lhe dizia nada de bom. Também nada de ruim. Não tinha tempo para jogar conversa fora.

Annibale encanta-se com São Paulo, demora para mandar buscar a família. Logo compra uma casa na Álvares Penteado e abriga lá pessoas sem eira nem beira porque era com esse tipo de gente que gostava de estar. "Até umas putas tinham abrigo por lá", contava o filho mais velho, às gargalhadas. Cesira chega da Itália por conta própria, como imigrante, sem avisar. Veio com a filharada, acompanhada de um parente que já tinha São Paulo na palma da mão. E não perde tempo: coloca porta fora toda a sujeira da casa, incluindo o que viu de rendas e tafetás. Não viera de tão longe para perder o marido e trata de com ele fazer mais filhos.

Há outras histórias sobre a chegada da familiagem de Annibale, meu avô paterno. Ele teria, sim, enviado dinheiro para as passagens de todos, que isso era fácil entre os italianos na época. Mas Cesira, muquirana, registrou-se como imigrante e assim listou os filhos que trazia. Costurou o dinheiro nas barras das saias para não ser roubada.

Annibale e amigos descem até Santos para buscar a família. Quando todos das classes de passageiros desembarcam, mas a mulher e filhos não, rapidamente deduz o acontecido. Imigrantes eram encaminhados para registro especial e quarentena. Envergonhado perante os amigos com esse possível atestado de pobreza, diz que deve ter se enganado de navio, de dia da chegada. Retorna a São Paulo e depois vai sozinho comprovar o óbvio, motivo de brigas para o resto da vida do casal.

Depois de alguns anos, filhos crescidos. Annibale fica doente e o médico recomenda-lhe mudança de ares, foram parar em Ouro Fino. Mas aí Cesira nem se importava com que seu homem fazia ou deixava de fazer. Queria paz e sossego naquela terra cheia de horizontes, naquela terra abençoada, onde, como em São Paulo, continuavam entre os seus, gente vinda da Toscana e também entre aqueles vindos do Vêneto, da Lombardia, da Calábria, da Sicília. Gostavam daquele mar de dialetos, de sabores e até começaram a acreditar que a Itália não era assim tão pequenina como pensavam. Só podia ser bem grande para nela caberem tantas diferenças.

O pão toscano é sem sal. Nem todos da península foram criados à base de polenta. Os temperos também variam. Irmãs conversavam em algum dialeto do norte, para desespero dos maridos calabreses e sicilianos. Annibale foi um dos fundadores do Circolo Italiano de Ouro Fino. A assinatura está lá, emoldurada na parede. Continuou cantando suas árias preferidas, mas desobrigou-se de ir à igreja. Acompanhava os negros da cidade em batucadas. Dizem até que comemorava o 13 de Maio entre eles. E, nessas festas, passava dias fora de casa.

A brasileirada ria muito ao ouvir, recorrentemente: "Sou toscano. Sou calabrês. Sou lombardo" sem qualquer menção à Itália. Anos mais tarde, quase todos, só não os poucos anarquistas e comunistas, se uniriam na admiração ao *faccio*. Os discursos de Mussolini eram retransmitidos, via rádio, por alto-falantes em pontos mais movimentados da cidade. A devastação da guerra sepultou para sempre os devaneios de retorno à Itália.

Os filhos de Annibale e Cesira cresceram, casaram-se e se esparramaram pelo Brasil. São os bisnetos e tataranetos que fazem, agora, o caminho de volta, em busca da explicação para cores e aromas, afrescos nas paredes das varandas, adornos nas fachadas, parreiras nos quintais, canções que lhes embalaram a infância.

Promessas de superação

BEGOSSO E NICHESOLA SÃO AS DUAS FACES DE TERRAZO, PROvíncia de Verona. Há referências escritas sobre essa pequeníssima comuna datadas do início do século 12. Terrazo, antigamente, era menos importante que Nichelosa e menos ainda que Begosso, que abrigava um movimentado porto. O nome deriva de *"turracium"*, que significa torre, em latim.

A antiga torre construída por volta do ano 1000 ainda existe. Além dela, merecem registros a igreja de Begosso e a igrejinha, ainda mais antiga, de Nichesola. Quando Cecons e Marsiglios chegaram ao Brasil, Ouro Fino já era, então, bem mais populosa, bem maior que Terrazo e suas duas faces que ainda hoje, juntas, têm pouco mais de 2.500 habitantes. Também era economicamente pujante. Primeiro pelo ouro e depois por seus rebanhos e cafezais. A decadência viria nos anos 1950 e dali em diante.

Marieta e Ferdinando fugiram de Begosso. Queria se alontanar de tragédia familiar. Os primeiros dois filhos que tiveram, meninos, gêmeos, morreram afogados em um córrego perto da casa dos avós. Era dia de festa. Distraíram-se das crianças e, ao encontrá-las, era tarde demais. Fizeram, então, promessa mútua de superação da pobreza e da dor, embalados pelo sonho de fazer a América. Chegaram numa leva de imigrantes, no porto de Santos, com despesas pagas por fazendeiros de café. Cumprida a quarentena, seguiram para o sul de Minas.

Ao chegarem à fazenda Angu Frio, então município de Ouro Fino, hoje Inconfidentes, receberam dois sacos grandes, um de feijão e outro de farinha de mandioca. Ferdinando levou uma mão da farinha à boca e sem lhe reconhecer qualquer sabor cuspiu tudo ao som de todas as imprecações e blasfêmias possíveis. Também receberam rapaduras.

Marieta andou em volta das casas dos camaradas — trabalhadores e moradores da fazenda — e não encontrou sequer uma verdura ou pé de tomate. Imediatamente começou, com sementes que havia trazido da Itália, uma horta que manteve por onde morou até o fim da vida. Havia trazido também mudas da folhagem penas-pavão e cepas de parreiras que produziam uvas pequenas e escuras, próprias para o vinho da casa.

O caminho de Santos a Ouro Fino não ocorreria sem imprevistos. Marieta deixara a Itália grávida e o desconforto da viagem acelerou o trabalho de parto. Fizeram parada de emergência em Santa Rita do Sapucaí, numa pensão à beira da estrada. As gêmeas, Rita e Ambrósia, ali nasceriam. A proprietária, senhora bondosa, colocou galinhas do seu quintal à disposição para a canja dos primeiros dias de resguardo da hóspede.

Ferdinando, além da mulher e dos embriões da nova família, trouxe, na mesma viagem, a mãe viúva, o irmão casado, a cunhada e a irmã. Com esses tesouros reconstruiu sua vida. A mudança seria sem volta. Houve tempo suficiente, até à chegada em Santos, para lançarem ao mar rosários de afetos. E quando ouvia da mulher algum suspiro mais prolongado que lhe evocasse macieiras floridas, ia até a varanda e se extasiava com o que chamava de tanta largueza: o vale, o córrego da Onça, montanhas mais ao longe e o azul do horizonte. E o que ainda não estava de todo soterrado, na escuridão, se acalmava.

Da roça para a cidade

A SAGA DAS FAMÍLIAS ITALIANAS PELO SUL DE MINAS REFORÇA o que se aprende em aulas de cultura brasileira. A importância dos italianos na formação da poupança nacional. Os descendentes ricos dos antigos portugueses eram donos de extensos latifúndios no final do século 19 e início do século 20, no sul de Minas.

Tudo havia lhes chegado por herança desde a divisão do Brasil em sesmarias. Não pegavam no pesado e não administravam bem os negócios. Primeiro tinham os escravos e depois parceria com os imigrantes. Gostavam mesmo era de fazer política, de jogatinas, de bordéis, de queimar dinheiro em extravagâncias sociais. Tinham casas em São Paulo, faziam longas viagens com os filhos à Europa.

Quando débitos superavam os créditos, vendiam nacos de terra, como se a propriedade sempre crescesse por geração espontânea. Os filhos eram educados para profissões liberais, o sacerdócio ou a carreira política. As filhas, o importante era que se casassem ou fossem para o convento.

Assim, parte das terras foi sendo transferidas para italianos que chegaram com outro tipo de proposta de trabalho e o sonho de vencer na vida. Não eram escravos, nem camaradas que nasciam e morriam nas fazendas. Passaram a requisitar parcelas de terras para produção por conta própria. Atentavam para as necessidades das fazendas e das cidades do entorno. Passaram de empregados a fornecedores. Criavam porcos, galinhas, tinham grandes hortas e pomares. Faziam sabão, banha de porco, manteiga, pão para consumo e também para venda. E quando a cota de bons partidos de nomes portugueses começou a definhar, seus filhos estavam prontos para casamentos com as filhas dos antigos patrões.

Não gastavam tudo que ganhavam na venda direta aos fazendeiros e também nas feiras e mercados da cidade. Guardavam. Ferdinando, além de trabalhar na lavoura, era marceneiro e fazia cadeiras com assentos e espaldares trançados de palhinha. Não dava conta das encomendas que tinha. Tudo era vendido para moradores de Ouro Fino, assim como o que produziam de hortigranjeiros em Angu Frio.

Antes de completar dez anos de trabalho, Ferdinando e Marieta já haviam economizado o suficiente para ter a própria fazenda e comprar um quarteirão inteiro na cidade de Ouro Fino. A propriedade, abaixo da linha férrea, tinha a forma de um triângulo. Ficava em área pouco valorizada. A parte melhor da cidade situava-se justamente acima da linha, longe do movimento dos trens, do ribeirão e de seus transbordamentos.

Numa das pontas do triângulo foi construída bem mais tarde, na década de 1950, uma grande oficina mecânica. A outra ponta fica em frente da atual praça da Baronesa. A terceira, em frente do Bar Paraíso, que parece ter nascido com a avenida Delfim Moreira, antigo caminho para roças e fazendas. Ferdinando também comprou um casarão de esquina, mais ao lado da Estação Ferroviária que, hoje, desativada, hospeda comércio de malhas, tricô e crochê. Nada mais pertence à família.

Nos anos 1920 e 1930, os cafeicultores e pecuaristas de Ouro Fino e região davam as cartas, em âmbito estadual e nacional; o exército tinha lá uma base importante e a cidade contava com várias faculdades. Hotéis e pensões multiplicavam-se para atender à demanda de centenas de estudantes, funcionários de bancos e viajantes, como eram chamados os representantes comerciais.

O casarão, que já não existe, foi transformado por Ferdinando em pensão familiar e o melhor era que dava fundos para o ribeirão que hoje corre mais placidamente que outrora. No ribeirão de águas cristalinas, e não o esgoto de hoje, roupas de cama, da família e dos hóspedes, eram lavadas.

As mães dos estudantes vinham vistoriar as pensões onde os filhos ficariam e sempre saíam dizendo que a da Dona Marieta era a mais limpa, linda e de melhor comida. Com a mulher e as filhas mais velhas no serviço, Ferdinando nunca mais pegou no pesado. Amanhecia e anoitecia de terno branco, chapéu, corrente com relógio de ouro no bolso do colete. E assim flanando, leve e solto, com tempo de sobra e dinheiro no bolso, passou a ser benemérito das tais moças e senhoras de vida alegre. Essas que não são vistas nas missas de domingo.

Quem quiser que conte outra

A PENSÃO DE FERDINANDO E MARIETA MOSTROU-SE NEGÓCIO rendoso, apesar da farta concorrência. Também ajudou a casar com hóspedes valorosos cinco das oito filhas: Venerina casou-se com Giuseppe Pellicano, italiano de Civita, Calábria, que chegou ao Brasil como representante comercial da Singer. Tiveram nove filhos e 54 netos. Carolina e Isolina, com funcionários do Banco do Brasil, e Maria, com um farmacêutico. Duas delas, Luíza e Antônia, fizeram péssimos casamentos com o mesmo homem, pobre da cidade mesmo, sem sobrenome italiano. Luíza morreu prematuramente, e Antônia, mesmo sabendo o quanto a irmã havia sido infeliz nos poucos anos de casada, desposou o viúvo. E foi infeliz também.

Rita, a mais velha, casou-se com João Germinianni e com ele formou uma grande e próspera família. Ambrósia, irmã gêmea de Rita, casou-se com um italiano de sangue quente da Catânia, que vivia às turras com o sócio e concunhado Giuseppe. Perdeu uma filha, no parto. E nunca mais conseguiu levar uma gravidez a bom termo. Esterina casou-se com Benedito Bernardinelli, marceneiro, homem simples e bondoso. Tiveram um único filho, Paulo.

Além das propriedades perto da, então, movimentadíssima Estação Ferroviária, Ferdinando, o chefe do clã, também comprou várias chácaras na Avenida Delfim Moreira. As casas das chácaras tinham frente para a avenida e seus quintais terminavam às margens de um ribeirão. Numa delas, ele se autoexilou, segregado de todos, para esconder a lepra que havia contraído no bordel da cidade. Das outras chácaras saíam verduras, carne de porco e linguiça, além de ovos e frangos que abasteciam a cozinha da pensão. Os excedentes eram vendidos no mercado. Cada filha ganhou uma dessas chácaras como dote de casamento.

Giuseppe, morreu em 1935, aos 46 anos, de ataque cardíaco, numa noite de tempestade. Passara um dia agitado esperando credores que não vieram para a negociação de pesadas dívidas. Em meio aos estalidos de raios e trovões, acordara a mulher no meio da noite porque o filho mais novo chorava. Logo começou a respirar mais forte e depois bem devagar para morrer em seguida, sem que a mulher conseguisse entender, de imediato, o que acontecia.

Dez anos antes, em 1925, quando Mussolini ungiu-se Duce, Giuseppe gritou no meio do terreiro com um machado ameaçador em mãos: "Porca Itália, quando não nos mata de fome e vergonha, nos mata de medo". Não viu a Itália arrasada pela guerra nem um de seus filhos ser convocado para se juntar às tropas expedicionárias.

Venerina, viúva, entregou a casa da Delfim Moreira para pagamento de dívidas. A concha marinha, símbolo renascentista da beleza, continua incrustada bem no centro da fachada. Virou ponto comercial. O amarelo tradicional das casas italianas foi substituído por um chamativo azul. Arrancaram a entrada lateral e lacraram a antiga porta, com tijolos. Na parede, agora cega, letreiros garrafais anunciam venda de fertilizantes, defensivos e implementos agrícolas. Os janelões envidraçados foram substituídos por grandes portas de vidro. "Se esta rua, se esta rua fosse minha, eu mandava, eu mandava ladrilhar, com pedrinhas, com pedrinhas de brilhantes, só para, só para... meu bem passear".

Com a venda, Venerina e os filhos mudaram-se para mais perto do centro da cidade. Na casa da Wenceslau Braz, funciona hoje uma revendedora de motos. No grande quarto, onde nasceu a maioria de seus netos com a ajuda de parteiras, foi instalado o almoxarifado. O abacateiro, a pereira, a parreira, as goiabeiras que plantou e vingaram, foram derrubados. Do jardim, nenhum vestígio de copos-de-leite, dentes-de-leão, brincos-de-princesa. Nenhuma umidade sobreviveu, nenhum musgo nos tijolos aparentes dos muros. O quintal foi cimentado. É estacionamento.

Marieta, a mãe de Rita, Ambrósia, Venerina, Esterina, Carolina, Isolina e Maria, José e Ângelo, morreu de velhice no Carnaval de 1945, para a tristeza dupla das netas: perderam a avó e a folia. Naqueles tempos, luto era coisa séria. Ferdinando morreu bem antes da mulher. Poucos dias depois, veículos da Saúde Pública bateram de casa em casa para identificar leprosos, tirá-los da família e interná-los à força. Todos suspiraram aliviados e agradeceram a Deus por não terem visto Ferdinando passar por essa provação.

Venerina veio com uma das filhas, na década de 1970, para Brasília. Morreu em 1983, em um hospital da cidade, 48 anos depois do marido, bem longe dos quintais e jardins que cuidou durante décadas. Nunca se conformou em morar onde tudo precisava ser comprado, até um simples molho de salsinha.

Diante de tantas lembranças do que vivi e do que me contaram e contam, me consolo e digo que tudo sempre esteve aqui e estará para todo o sempre. Que eu não vim de nenhum lugar para cá, porque sempre aqui estive. Não preciso mais voltar porque daqui nunca saí. Ainda sou aquela menina de três anos que se sentava à janela do trem com a mãe ao lado, bebê ao colo, para o que lhe parecia uma longuíssima viagem de 15 quilômetros, da fazenda cafeeira de Francisco Sá a Ouro Fino. Sou a menina que existiu ali antes de mim e a que continua morando lá. "Passa boi... passa boiada... passa, passa... passa cavalo... passa cavaleiro. Quem puder conte outra, que essa eu contei primeiro".

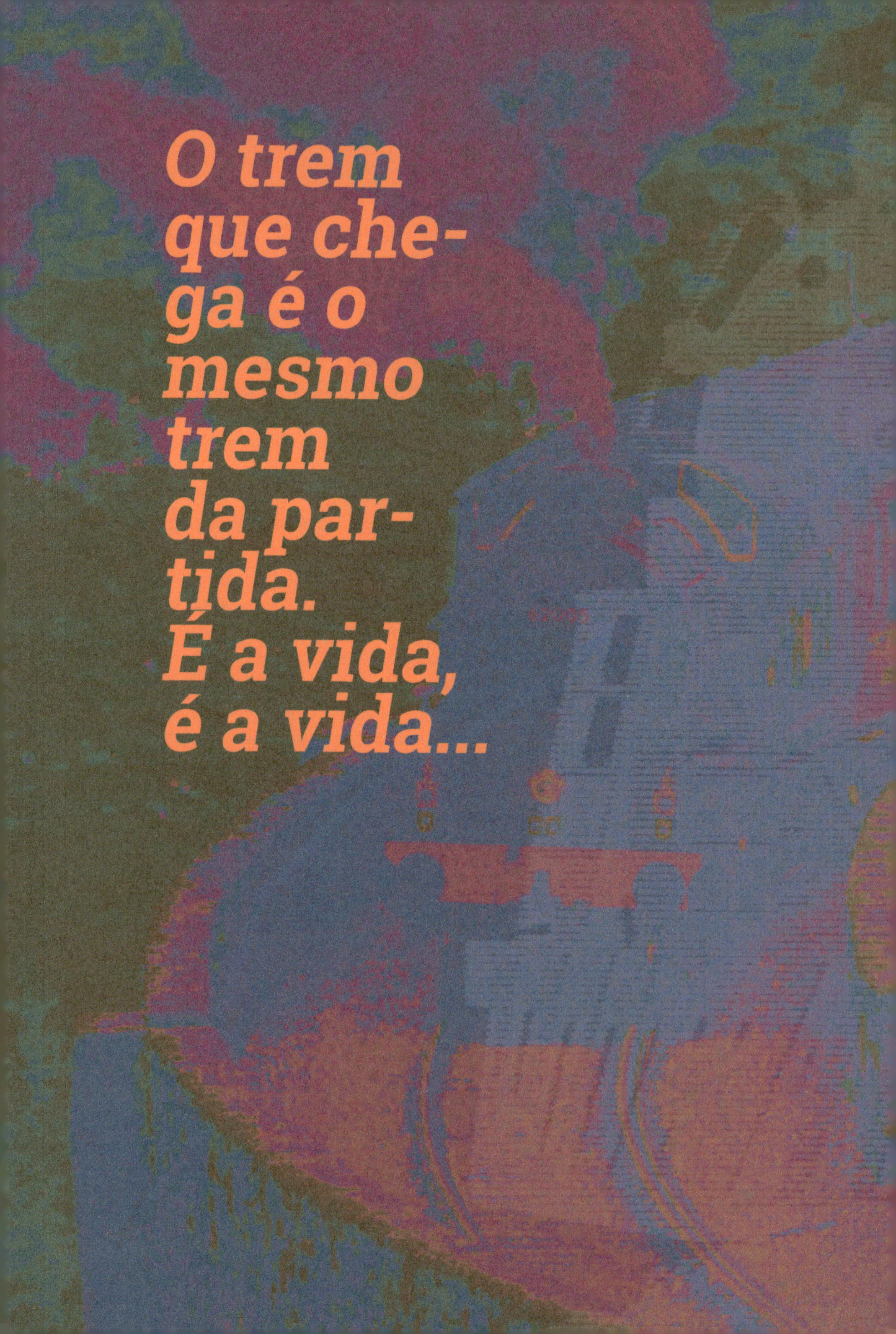

O trem
que che-
ga é o
mesmo
trem
da par-
tida.
É a vida,
é a vida...

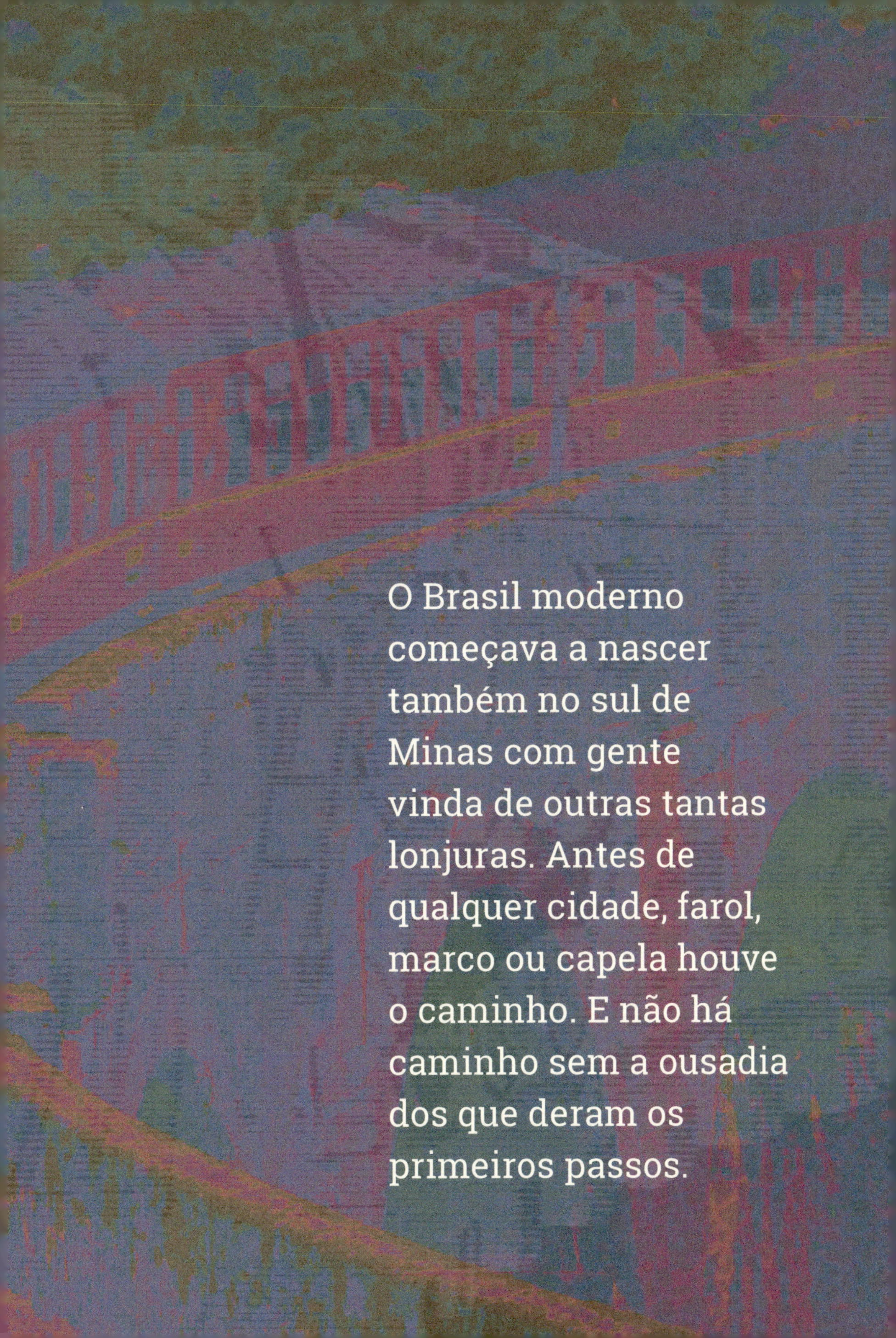

O Brasil moderno começava a nascer também no sul de Minas com gente vinda de outras tantas lonjuras. Antes de qualquer cidade, farol, marco ou capela houve o caminho. E não há caminho sem a ousadia dos que deram os primeiros passos.

O maior amigo das irmãs

DEZEMBRO DE 1948. ÂNGELO E ELZINHA QUASE COCHILAM NO trem que os leva de Ouro Fino a Francisco Sá. Uns quinze quilômetros apenas separam as duas estações. A vagareza da viagem multiplica a distância. A Maria Fumaça apita a cada curva da estrada para espantar bois e cavalos da linha de ferro.

Munidos de vassoura, rodo, balde de alumínio, pano de chão, os irmãos descem ainda bem cedo na pequena estação do povoado. Sobem o morro em direção à sede administrativa da fazenda, onde Dário, o noivo, trabalha e, depois, até a casa mais ao lado, onde Elzinha moraria, depois de casada.

Jogam água em tudo, nada de poeira, nem de casca de café, nem aqui e muito menos ali. Cobrem a cama com o melhor lençol e a mais linda colcha do enxoval. O baú de noiva veio antes. Vestem fronhas de monogramas bordados nos grandes travesseiros. Quando se casa, os travesseiros de retangulares passam para quadrados, de pequenos e compactos para grandes e fofos, de penas as mais macias e miúdas.

Na penteadeira e nas mesinhas de cabeceira, toalhas de crochê brancas e engomadas. Na mesa de jantar uma toalha grande também de crochê com um vaso no centro. Outra toalha sobre o filtro de barro para a água de se beber. Lenha cortada perto do fogão. Um estoque de palha seca de milho pro fogo pegar rápido e não atrasar o primeiro café da manhã.

Antes da saída, conferem se há no armário da cozinha: pilão de socar alho, peneiras de vários tamanhos, espremedor de batata, faca de pão, coador de chá, coador de café, tudo que não se ganha de presente de casamento. Tem lamparinas suficientes em todos os cantos da casa, que a luz acaba cedo.

A mãe fez estoque de sabão de cinza de lavar roupa, panela e até de tomar banho. Conferem: sabonete dos bem perfumados, pasta de dente, Cibalena pra dor de cabeça, bomba e lata de Detefon pros pernilongos. Uma tábua suspensa bem em cima do fogão à lenha deixa à prova de atrevidos o queijo cura, linguiça caseira e *pancetta*. Tapetes dos grossos, de limpar sapatos e pés, nas portas da sala e na cozinha. Plantas da varanda recebem água. Na despensa, o necessário e o impossível de se comprar na venda da roça.

E, agora, vão depressa, depressinha, que o último trem pra Ouro Fino passa loguinho. Amanhã é véspera de Natal, dia do casório. O trem vara a paisagem. Ângelo pensa nos retoques por fazer do bolo branquinho de Elzinha. Leitões e frangos estão à espera do juízo final. A festa começa já no almoço, antes da cerimônia do sim, na igreja matriz.

Os convidados comerão até se fartar ainda sem os trajes de gala. E todos irão à igreja pouco sóbrios. As amigas vestem a noiva que não para de rir. Depois da igreja a festa continua. Hora de partir o bolo e comer docinhos.

Da viagem de trem, Ângelo conta que Elzinha era só felicidade. Mal havia completado 20 anos. Ela da viagem nem se lembra. Resolve passar a vida com a história de que só disse o sim no altar porque não sabia o que estava fazendo, zonza de vinho do almoço e de nervosismo.

Bronca dupla

NEM TUDO FOI FÁCIL PRA DÁRIO E ELZINHA, MESMO ANTES DE se casarem. Namoro de idas e vindas. Até a mãe do rapaz entrou na dança. Certo dia, acontece de Dona Quinha, a mãe do namorado, ter assunto urgente e pede encontro com Elzinha. É o que está escrito no bilhete entregue pelo moleque de asas nos pés que vivia trançando de casa em casa em tempos sem telefone.

Elzinha passa horas ruminando o convite. O que poderia ser? "Afinal, por qual cargas d'água Dona Quinha quer me ver?" A recomendação expressa de ir sozinha a incomoda bastante.

— Mãe não vou não! Tô achando estranho...

— Filha, claro que vai! Gosto muito da Dona Quinha e do Seu Dante e se eles tão precisando de alguma coisa? A gente nunca sabe. Vai ser desfeita você não ir.

Escolhe, então, o melhor vestido, maquia-se para o inédito encontro. No caminho pensa só coisas boas. Afinal, ela era uma moça de família, bonita, prendada, que defeito poderia ter? Além disso, nem sabia o que seria dos dois dali pra frente. Haviam terminado e voltado tantas vezes! Num desses intervalos até ficara quase noiva de outro. Dário era instável, ciumento, por qualquer coisa brigava. Depois tomava todas e, de madrugada, fazia serenatas intermináveis na calçada, bem embaixo da janela do quarto das moças Pelicanos.

O *core, core 'ngrato* do jovem desesperado tenor invadia a cidade adormecida. Havia quem saísse à janela e batesse palmas. Havia quem gritasse da cama:

– Ela não merece nada disso, procure outra.

"Catari, Catari, pecché me dici sti parole amare, pecché me parle e 'o core me turmiente, Catari? Nun te scurdà ca t'aggio date 'o core, Catari, nun te scurdà! Catari, Catari, ché vene a dicere stu parlà ca me dà spaseme? Tu nun'nce pienze a stu dulore mio, tu nun'nce pienze, tu nun te ne cure".

Falando esbaforida com os próprios botões, sai de casa, atravessa a linha de ferro, o jardinzinho da Estação, desce a rua 13, sobe a rua larga que acabava, naqueles tempos, na Escola Normal, até o casarão dos pais do namorado, ali na esquina, ao lado do Fórum da cidade.

Bate palmas, o portão se abre e Dona Maria Amélia, Dona Quinha pra toda a gente, muito séria se apresenta e lhe diz que entrasse. Não estava ali pra brincadeiras. Antes mesmo de oferecer cafezinho dispara:

– Elza vou ser bastante franca com você. O Dário tá muito apaixonado. Cada vez que vocês brigam é uma choradeira aqui em casa. Passo noites sem dormir ouvindo lamúrias. É de cortar o coração. Então te peço, de duas uma: ou você firma este namoro ou acabe de vez com tudo, sem volta. Não aguento mais ver meu filho sofrer.

Que baita susto leva Elzinha. Tem até vertigem. Engasga, não sabe o que responder. Também nem se lembra de como conseguiu voltar pra casa naquele dia. Quando viu, já estava contando tudo pra mãe, que concordou em gênero, número e grau com Dona Quinha.

— Elza pare de confusão com o Dário. Também me dá pena ver o moço nesse sofrimento só. Que coisa feia! Tô morta de vergonha.

Estava escrito

DÁRIO E ELZINHA CASARAM-SE NO NATAL DE 1948. NA FOTO DA festa, os noivos e a parentada mais chegada ao redor da mesa, na sala de jantar da casa de Dona Venerina. Todos os bolos ornamentados, inclusive o rocambole imitando tronco de árvore, foram feitos por Ângelo, o irmão da noiva, que só não fez o próprio bolo de casamento porque ganhou de presente do amigo Trieste Burza, o padeiro mais famoso da cidade. Uvas e hortênsias completam a decoração.

A foto foi possível passados treze anos desde o primeiro pedido de casamento de Dário à Elza, quando ela tinha apenas sete anos. A família dos dois moravam, então, na avenida Delfim Moreira, caminho para as roças no entorno da cidade. Os Pelicanos ricos e os Favillas, pobres. Dário era exatamente cinco anos mais velho. Já um meninão, quando disse ao pé do ouvido de Elzinha:

– Vou ter que trabalhar muito, ganhar muito dinheiro para seu pai me deixar casar com você.

Giuseppe, calabrês dos bravos, não iria deixar pés-rapados chegarem perto de suas meninas. Ainda mais depois do que tinha acontecido com a mais velha, obrigada a casar aos 16 anos com um forasteiro sem eira nem beira para calar as más línguas. O destino providenciou para que Dário não precisasse enricar para conseguir o que queria.

Giuseppe morreu cedo e Venerina, por esperteza de agiotas e de gente da própria família, acabou perdendo tudo o que tinham: a fazenda, a grande casa onde os nove filhos nasceram e, por último, o depósito do fumo. Naqueles tempos, o tabaco era enrolado na forma de cordões compridos de diferentes espessuras, cortado em nacos e colocado em latas vistosas. A marca do fumo da família era Cacique, que se apresentava na tampa de cocar e tudo.

Elza, em um dos intervalos do namoro com Dário, como muitas outras moças da mesma idade, acabou quase noiva de um oficial cearense que assentou praça no regimento sediado em Ouro Fino, durante a guerra. Luiz Gonzaga também assentou praça lá. Não se casou, mas deixou filho. Ele diz, em documentário, que aprendeu a ser, de fato, sanfoneiro, com os italianos da cidade. Antes só tocava a de oito baixos, semelhante à do pai. Foi alguém da cidade que lhe indicou como poderia comprar sua primeira sanfona, em São Paulo.

A guerra acabou, o oficial engenheiro voltou para Belo Horizonte e Dário começou a rondá-la de novo. Elza pediu que um amigo devolvesse as alianças que o quase noivo havia lhe deixado para usar quando quisesse. O oficial não daria baixa do exército e, se casassem, sabe Deus onde acabariam morando nesse mundão todo desconhecido. Terminou porque não queria morar longe da mãe, da família. Fado que uma cigana havia lido anos antes em suas mãos, mas que ela não considerou.

Ledo engano. Viver longe seria sua sina. Dos 30 anos de casada, passou quatro em Ouro fino. O restante, sempre longe da sua teia de afeto. A família começou a se reunir novamente, apenas depois de se juntar às romarias que saíam dos quatros cantos do país para a construção de Brasília.

Numa outra foto, já recém-casados, há uma grande personagem que envolve o casal, amigos e parentes: Ouro Fino. Foi tirada no alto de um morro que hoje só existe pela metade. A outra foi aplanada para se construir a ligação da cidade com a rodovia principal para São Paulo, sem que fosse preciso se passar por dentro, pela rua 13. Já existiu um cruzeiro em cima desse morro, também um luminoso com o nome de um partido político, o PSD, extinto em outubro de 1965, por Ato Institucional, um ano e meio depois do Golpe Militar.

Benditas pescarias, benditos pardais

TODO MUNDO TEM UM TIO QUE GOSTA DE PESCAR OU DE CUIDAR de passarinho. Que gosta de jogar no bicho ou carteado. Tem tio que bebe mais do que devia, tio contador de histórias, de piadas, de vantagens. Tem tio bonzinho. Implicante. Bravo ou calado demais. Tio que fala alto, que come muito. Tem tio ranzinza, cheio de nove horas. Tio carola ou ateu. Tio reacionário. Tio comunista. Tio gente fina ou mulambento. Tio generoso ou pão-duro que só. Tio muito tímido, fracote. Tio valentão.

Há tios para todos os gostos, alturas e cores. Tios paternos ou maternos e tios por afinidade porque casados com irmãs e irmãos de uma mesma família. E é preciso se dar graças a Deus, levantar as mãos pros céus se esses tios tortos, que chegaram de não sei onde, mesmo os que bebem, além da conta, não batessem nas mulheres, nos filhos ou desrespeitassem os sogros. Não castigar mulher e filhos era, então, saudado como grande qualidade de um homem. "Passei fome e necessidade, mas ele nunca levantou a mão para mim.", ouvia-se das tias sempre conformadas com a penúria daqueles tempos. "Faz mês que não vejo dinheiro na minha mão. Roupa só as que os parentes dão e as crianças estão indo sem sapatos pra escola neste frio".

Famílias viviam muito próximas e implicâncias infantis de irmãos e irmãs vigoravam também na idade adulta ou madura. Dário implicava porque o irmão mais velho, o Lolô, já era homem feito e gostava de cuidar de passarinhos, de trocá-los por algum dinheiro, de participar de encontros para treiná-los em trinados ou de concursos de cantos.

Pardais eram do tipo de passarinho que Lolô não respeitava e neles praticava tiro ao alvo com uma espingarda mequetrefe. Dário, dez anos mais novo, não entendia tais gostos, como também o de pescar. Tudo perda de tempo, coisa de gente que ficava velho e não crescia. Histórias de caçadas e de pescarias o irritavam profundamente. Saía da sala, fazendo a maior desfeita, caso a conversa enveredasse por tais assuntos.

Dário não acreditava em atividades de lazer, nem em passatempos, nem em almoços e jantares que descambassem para proseios sem fim. Conversas sem tempo certo pro *the end* descambavam em bobagens. Se convidado por parentes, ia, almoçava, conversava um pouco e logo fazia cara feia, sinal de que queria picar a mula.

Certa vez, já em Brasília, bem doente e viúvo, resolve ligar pro Lolô, morando, há décadas, em Cianorte, Paraná. Atendeu-lhe um irmão cheio de energia, alegre, de partida para Mato Grosso, onde passaria dias e dias só pescando. Dário logo perde o humor e vai logo lhe perguntando se não tinha mais o que fazer do que levar a mesma vida de sempre.

– Não acredito que você ainda pesca.

E ouviu:

– Dário, vou pescar até depois de morto!

Dário morreu aos 69 anos, em maio de 1993. Lolô, aos 89. Viveu 20 anos a mais que o irmão mais novo.

Serpente sem fim

OS JORNAIS DE SÃO PAULO DESEMBARCAVAM, EM OURO FINO, desde o início do século passado, todos os dias, antes do almoço. Menos quando o trem descarrilhava. Ou ficava parado perto de alguma fazenda por ter atropelado boi ou cavalo. São muitas e muitas as paradas e esperas por baldeações antes do destino final. Os homens viajam de terno, gravata e chapéu. As mulheres, de vestidos novos e uma troca de roupa na bagagem de mão, para a chegada com o devido aprumo.

O desenho do Brasil mais antigo, litorâneo ou profundo, foi feito por clãs portugueses, por negros e índios conformados com a escravidão ou que resistiram e fugiram para o ilusório inalcançável. Com o fim da escravidão e a proclamação da República, a maior parte da legião de caboclos e cafusos está espalhada pelas fazendas e seus confins sem lei ou beiras de rios, sem dinheiro e sem patrão. Nas cidades, ocupam áreas, por caridade, terras pertencentes à Igreja, ou que ninguém quer: morros íngremes e várzeas castigadas pelas chuvas de verão.

Em março de 1909, foi inaugurado o grupo escolar de Ouro Fino com 400 alunos de todas as origens e classes sociais. O Brasil moderno começava a nascer também no sul de Minas com gente vinda de outras tantas lonjuras. Antes de qualquer cidade, farol, marco ou capela houve o caminho. E não há caminho sem a ousadia dos que deram os primeiros passos.

Arroz-
-de-festa

NOS ANOS 1970, OS TRENS MORRERAM. NOS 1980, ARRANCARAM os trilhos que colocaram a cidade no mapa do Brasil. Depois, um forasteiro comprou o Hotel Sá, que era belo e se acabou. Foi demolido. O proprietário fez um muro triste em volta de todo o terreno que dá para a estação. O jardinzinho da praça não é mais encantado pelo farfalhar das saias de moças namoradeiras.

Houve um tempo que horários de casamentos eram marcados conforme o trem que se pegaria para a lua de mel. Casava-se bem de manhã, a tempo de a família oferecer almoço aos convidados e os noivos embarcarem para Guaxupé, Belo Horizonte, Poços de Caldas, São Paulo, Rio de Janeiro.

Trens trazem encomendas em mãos: vestidos de noiva, de primeira comunhão, de baile. Trazem as visitas de sempre e moços sem eira nem beira, perfumados e elegantes, prontos para dar golpes do baú. Filhas prendadas de fazendeiros ricos eram arroz de festa até arranjarem marido. Ninguém queria filha solteirona, mesmo que o casamento fosse com um traste, desde que bem embalado, educado, que fizesse figura.

Todos sabem de cor e salteado os horários de chegadas e partidas. Assim não se fica preso de um lado ou outro da cidade quando chega aquela serpente sem fim de vagões de passageiros e de cargas, depois de ranger e silvar por horas e horas entre montanhas, vales e planícies.

O guarda-chaves é o homem mais poderoso do mundo. Capaz de mudar o destino de vários trens ao mesmo tempo apenas com um apito e giros certeiros de manivelas. É mais forte que os *cowboys* das matinês de domingo. Mais forte que negros lenhadores. Mais forte que levantadores de saco de café, formigas enormes descamisadas a entupir dezenas de vagões que correm para o porto de Santos.

Mala de novidades

OS TRENS APITAM NO ÚLTIMO QUILÔMETRO ANTES DA CURVA que antecede a entrada da cidade. É o aviso para que as linhas férreas fiquem livres de pessoas e animais. A menina e os primos correm descalços. Uma gritaria só. O trem já vai embora e o tio aparece na plataforma com a mala de novidades. Pente que não se parte. Pode-se juntar uma ponta na outra que ele volta a ser o pente de antes, inteiro. Radinho portátil. De pilha.

— Imagine, agora se pode acompanhar a novela dentro de um trem, do ônibus! Que coisa!

Tecidos que não amassam. Só lavar e secar. Senta, levanta e nenhuma ruga.

— Não troco pela minha calça de brim que, quanto mais lava, mais macia e bonita fica, por essa daí.

— É bom se acostumar! Tem gente que ainda tem fogão a gás só de enfeite. Quero ver quando ninguém mais vender lenha. Vão queimar portas, janelas, móveis velhos?

— No fogão a gás a comida esfria rápido, cozinha depressa.

— Não tem o mesmo gosto.

— Não compro café em pacote. Imagine! Café tem que ser torrado e moído em casa. Não deixo passar do ponto. Meu torrador foi presente de casamento. Chegou junto com o moedor. Café só moído na hora, enquanto a água ferve. Duas moeguinhas, no máximo. Sem desperdício. O cheiro toma conta da casa.

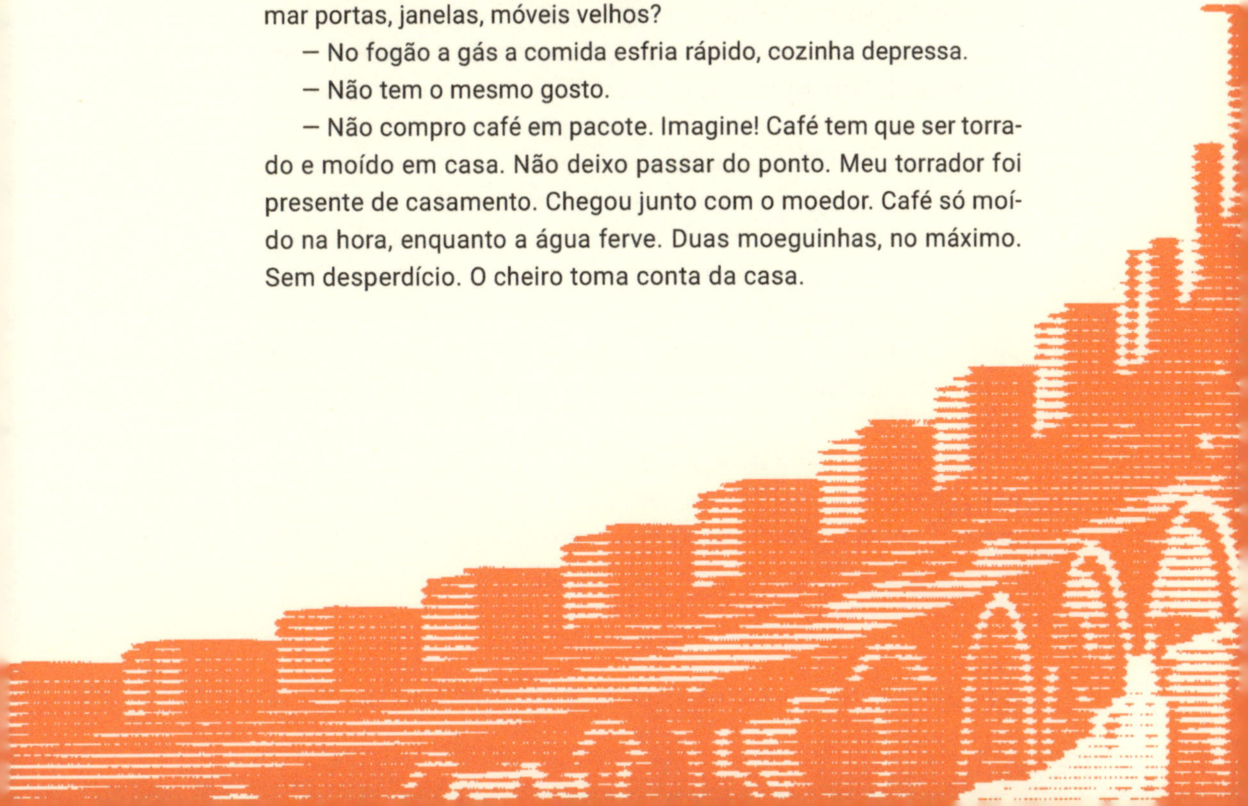

O circo chegou!

O CIRCO CHEGAVA DE TREM E ERAM VAGÕES E MAIS VAGÕES DE carga repletos de gente, bichos e lona. E já chegava com o mestre de cerimônia, derramando aos gritos, num megafone cheio de zumbidos, elogios à cidade. Convocava adultos e crianças para a grande festa que, conforme a plateia aumentava ou diminuía, poderia durar dias ou semanas.

Bom mesmo era ver a montagem do circo. A grande lona subindo. Os animais em suas jaulas. Ferozes tigres de Bengala, amáveis cachorrinhos bailarinos ou insuportáveis miquinhos que só se mostravam amestrados com o chicote do domador tirando faísca da calçada. Ninguém acha as jaulas tristes. São pequenos palcos dos animais artistas.

Nos circos de antigamente, lá pelas bandas do sul de Minas, bailarinas acrobatas montavam cavalinhos brancos de longas crinas trançadas em fitas e não faltavam famílias inteiras de anões e tipos bizarros, homens altíssimos e magros, bruxas assustadoras e ferozes capatazes que faziam tudo funcionar a tempo e a hora. O circo até trazia cantores de fama e grandes atores. Procópio Ferreira esteve na cidade declamando *As mãos de Eurídice.*

Pais, avós e tios buscam proteger suas crianças do feitiço do circo. Criança que fica sozinha ou em bando rondando a grande lona, à espreita do que acontece lá dentro, de dia ou de noite, poderia ser raptada quando os artistas fizessem as malas. Não se devia confiar em ninguém daquele mundo. Nem do mundo dos ciganos que também de quando em vez acampavam na cidade com seus tachos e panelas de cobre que desbotavam em algumas lavadas e viravam zinco puro.

Das crianças raptadas é o trabalho mais duro do circo, o de limpar o picadeiro e tratar dos animais. Donos de circo? Pessoas cruéis que espancavam bailarinas e as deixavam passar fome. Por isso tão

magrinhas! Já os ciganos eram mestres de roubar de tudo, de frutas dos pomares, roupas, joias, dinheiro e até recém-nascidos. Melhor que todos ficassem de olhos bem abertos quando tal gente passasse pela cidade. Pode ser divertido, mas coisas ruins acontecem.

Palhaço é triste. O filho morreu e ele foi obrigado, mesmo assim, a fazer espetáculo, a divertir a plateia. A mulher fugiu com outro, mas dele não levou o sorriso pintado na cara. No picadeiro, a vida desfila em música, cores, acrobacias e saltos mortais. Terminado o espetáculo, adultos desfiavam-nos histórias aterradoras. Parábolas para se enxergar por detrás da aparência. Toda mágica é truque, engano. O fraque do mágico está puído e sua cartola, furada. O real é o sanguinário, o macabro. É o que nos faz dormir, à noite, de luz acesa.

Foi num grande circo de lona colorida que, pela primeira vez, Glorinha viu a Branca de Neve em carne e osso na casa dos sete anões: sete caminhas, sete cadeirinhas, sete tantas coisas bem pequenininhas. Os anões eram todos coloridos e brincalhões e davam cambalhotas enquanto cantavam "Eu vou, eu vou, pra casa agora eu vou..." depois de um dia estafante de trabalho nas minas. Anões das nossas histórias de criança são ogros, habitam cavernas e troncos de árvores. E havia a maçã envenenada da madrasta invejosa com seu espelho que só lhe dizia a verdade e nela despertava a inveja e a crueldade.

Em 1996, já com filha e sobrinha adolescentes, mais a cunhada, Glorinha vai à Disney de Paris. Enquanto as três querem conhecer o arrepio do terror nas montanhas-russas mirabolantes, ela procura pelo passaporte do Mundo do Faz de Conta. Na excursão de trenzinho, explode, para espanto geral, ao se deparar outra vez com a madrasta e seu espelho. Gritou histérica:

– Feia, malvada, te odeio!

Enfim, destrava-lhe o grito preso, há décadas, na garganta.

Café torrado no ponto

GAVETAS DAS PESADAS CÔMODAS DAS CASAS DA CIDADE OU das fazendas guardam tesouros construídos ponto por ponto com paciência e arte, em tardes suspirosas, já devidamente cumprido o mais pesado das tarefas domésticas. Guardam tristezas de casamentos acabados em tragédia ou descaso, de noivas abandonadas no altar. De tias solteironas que nunca tiveram namorado. Nem eram tão feias!

Cuidar da casa e das pencas de filhos são rituais levados a sério. Liturgia e rigidez sofrida de horários. Levantava-se muito cedo para fazer o café. A cinza que encobre as brasas é abanada até que que o fogo levante e tome conta, primeiro dos gravetos bem secos e, em seguida, dos troncos mais fortes, cortados em tamanhos exatos e guardados embaixo do fogão.

Fogões a gás só começaram aparecer lá pela metade da década de 1950. Assim mesmo, por muito tempo ainda, os fogões a lenha continuaram servindo a maioria das casas. Trocá-los por fogões a gás era um verdadeira revolução nos usos e costumes.

Como resolver a questão da comida continuar quentinha mesmo depois de algum tempo feita? Também, sem garrafas térmicas disponíveis, como deixar o café no ponto de ser bebido a tarde inteira? Fogo apagado, as brasas continuavam mantendo a chapa do fogão aquecida, assim como a serpentina que levava a água para as torneiras da cozinha e do banheiro.

O café, comprado em grão no comércio ou vindo do sítio da família, é torrado no fundo do quintal. Uma arte que depende de mãos habilidosas, olfato especial para determinar o ponto exato da torrefação, cabelos grudados de suor e rostos afogueados. Depois de torrar café ninguém pode levar golpe de vento que fica com a cara torta. Tomar banho e sair na friagem, nem pensar! Torrado, o café é guardado em vidros ou latas bem fechadas.

Com tanto a fazer, o tempo ainda era esticado para se tecer ponto a ponto colchas, toalhas, vestidos, blusas, casacos. Tudo tão delicado, quase sempre em branco ou bege. Bem pequenas as meninas eram ensinadas na arte do tricô, do bordado e do crochê. Muitas na arte do corte e costura. Não tinham direito a bate-papos, de se sentar para o descanso da tarde sem alguma coisa, em mãos, pra fazer. Ouvir novelas de rádio, e as televisivas que chegaram no início dos anos 1960, nem pensar, se não estivessem também entretidas com barras, chuleados ou caseados. Naqueles tempos do quase tudo feito em casa, era assim.

Muito barulho por nada

SE TINHA COISA QUE ELZA LAMENTAVA NA VIDA ERA NÃO TER IDO ao casamento do irmão Walter com Maria Nilce, a Santinha. Apenas a irmã mais velha, Teresa, foi com o marido representando a família. Dona Venerina não quis o namoro, não deu consentimento ao filho para pedir a mão da noiva, nem para se casar.

Walter não se dobrou e foi até ao fim da história. Maria Nilce, segundo as faladeiras da cidade, de santinha não tinha nada. Era saçariqueira, gostava de passear. Fogueteira, gostava de se divertir. Não tinha papas na língua, falava o que lhe vinha à telha. Se gostassem, bem, se não gostassem, amém.

Pouco recatada, era a única moça da cidade que, na década de 1940, ia à piscina quando os meninos ainda estavam por lá e, pasmem, usando maiô de duas peças. Não era da Congregação das Filhas de Maria, que não aceitava moças espoletas, namoradeiras. As moças da Congregação iam à missa de branco, colar de cetim azul com uma cruz na ponta. Cores da Virgem Maria.

Elza foi filha de Maria porque queria fazer parte do coro da igreja para cantar "Tantum ergo sacramentum". No ano que passou em colégio de freiras em Anápolis, pegou gosto por latim e francês. Gostava de Carnaval e, sendo filha de Maria, não podia frequentar bailes ou os cordões que saíam dançando pelas ruas. Até que um dia deixou de ser para aproveitar um pouco a vida antes de se casar.

Santinha, quando solteira, até que ia à missa, mas sempre desfilando em saltos altíssimos e vestidos a lhe marcar a cinturinha de pilão. Tinha as curvas das deusas, um corpo de fechar o comércio e gostava de exibi-lo em decotes, saias justas, vestidos sem mangas e até de frente única.

Dona Venerina não se levantou da cama no dia do casamento. Elzinha, muito apegada a Walter, um dos irmãos mais velhos, chorou muito ao vê-lo arrumar a mala sozinho e depois sair sem despedidas. Ficou aos prantos no portão da casa, ao lado das irmãs Nair e Isolet, enquanto ele subia em direção à casa dos Monteiros. A mãe passou o dia inteiro sem comer nada no quarto escuro, tomando chá com Cibalena.

A lua de mel dos recém-casados foi em Aparecida do Norte. Era inverno. Tem foto deles em frente da igrejinha tão linda, que ainda existe perto do atual Santuário. Ela num elegante sobretudo e echarpe de seda e ele, o próprio Clark Gable.

No dia seguinte ao do casamento, Dona Venerina de olhos inchados, chamou um dos filhos e lhe pediu que fosse à casa da família da noiva com uma mensagem: quando o casal voltasse da curta viagem, que aparecesse no mesmo dia lá na casa da Wenceslau Brás para a devida bênção regada à choradeira de sempre.

Santinha e Gracy, outra cunhada de Elza, foram as duas únicas mulheres da família que trabalharam pra fora até a aposentadoria. Gracy, professora. Santinha, funcionária dos Correios. Depois que passou a morar com o marido em São Paulo, tornou-se fonte das delícias para a sobrinhada. Gostava de fazer gelatinas daquelas de várias cores que eram desenformadas em grandes pratos de vidro que só saíam da cristaleira em dias especiais.

Foi ela quem trouxe para o cardápio da família saladas coloridas de frios, servidas de entrada. Na mesa de jantar de Walter e Santa, a criançada visitante comia sentada, com talheres certinhos, guardanapos e copos cristalinos. O mais delicioso sagu e o mais delicioso *flan*, só na casa deles.

Também apresentou à família o liquidificador para o leite batido com frutas e sopas cremosas. Se mais ralas, vinham com macarrão estrelinha dentro. Quando passavam o Natal em Ouro Fino, chegavam com malas extras de roupas seminovas de crianças e adultos. Era melhor regalado quem chegasse primeiro pros cumprimentos. Também vinham com mala extra só de delícias. Biscoitos e chocolates de todas as formas: estrelas, sinos, Papais Noéis, trufados ou recheados de amêndoas, castanhas e licores. Traziam miniaturas de Martini doce para as crianças e seco para os adultos. Reis Magos da festa.

A rua ganhou traçado, nome e embranqueceu

OS POBRES, BRANCOS E PRETOS DE OURO FINO, SUL DE MINAS, moravam, moram até hoje, no Alto. Bem atrás da igreja matriz, perto do cemitério. De lá o horizonte é um mar azul infinito de montanhas. Quem lá nasce só baixa na cidade para trabalhar nas casas, nas roças em tempo de colheita, no comércio, nas fabriquetas de roupas, para a cadeia ou para ser internado em instituições de menores. Há também os que voam, dão certo na vida bem longe e só voltam, em breves visitas para casamentos, batizados ou enterros de gente da família.

Nem sempre moraram assim tão perto do céu. Nas duas últimas décadas do século 19, nas redondezas da rua principal, já na saída para Belo Horizonte, havia ali um acampamento de negros libertos ou fugidos com a complacência dos fazendeiros que já os substituíam por italianos. Saíam das fazendas descalços, sem lenço nem documento, com uma trouxa de trapos nas costas, ao deus-dará.

O caminho de carroças virou estradinha, depois estrada. Negros e brancos pobres foram empurrados em direção ao cemitério, ao Alto. Dizem que é por isso que a rua principal da cidade tem o nome de rua 13 de Maio, dia da extinção da escravatura no Brasil. Ali os negros viviam, dali saíam as congadas, homens descalços vestidos de azul e branco, as cores da Virgem Maria. A rua ganhou traçado, nome e embranqueceu.

A igreja dos pretos, a de São Benedito, de pau a pique, foi derrubada. Deu lugar a uma quadra de esportes. Mais tarde, reconstruíram a igreja num terreno ao lado, não no centro da praça. Era a festa junina mais animada da cidade, motivo para que toda a gente subisse o morro e transpassasse os limites da matriz.

Tinha também o clube União Operária com Carnaval mais animado que o do Éden Club. Os meninos brancos ricos ou menos ricos passavam antes no União para amassar as meninas. Chegavam já saciados ao baile dos grã-finos, onde se exigia respeito.

– Se você arrumar confusão com alguma menina do Alto, faço você se casar com ela e morar lá – assim recomendava-se juízo ao filho. Ameaçava-o de desterro.

Nas fazendas de café, os donos, os capatazes, os filhos dos donos e dos capatazes brincavam com negrinhas, também com branquinhas, filhas dos colonos. Quando os pais apareciam descalços e de chapéus nas mãos, cabeças baixas para dizer ao patrão que a filha havia arrumado barriga, a solução vinha de imediato. Dinheiro para alguns meses de mercado para a família. Casamento arranjado com algum faminto sem onde cair morto e passagem de trem pra São Paulo que crescia e não podia parar. E o caboclo ainda saía se afastando de costas, chapéu na mão, agradecido.

O fazendeiro mais rico da cidade, cunhado de político mineiro de importância, na década de 1960, nunca se casou depois que se desquitou da mulher que o traiu e voltou para a alta sociedade do Rio de Janeiro. Para quê? Tinha um harém, sempre renovado de negrinhas e caboclinhas na fazenda. O irmão dele, que, segundo contam, nunca foi traído, tinha harém igual.

Bisca ruim

O PADRE ESCONJURA NAS MISSAS GENTE QUE DANÇA COM MEXIDAS de quadris. E imita a mexida enquanto esconjura. Também diz que não é coisa de Deus crianças andarem nuas dentro de casa ou pelas ruas, mesmo pequenas e principalmente meninas.

– Cubram suas crianças. Nudez atiça tentações.

Sermões eram reprimendas. A palavra de Deus é apenas parte do ritual. Sacerdotes passam sabão nos fiéis e que a carapuça sirva em quem quiser. Tenho certeza de que o padre falou diretinho pro prefeito e a sem-vergonha da mulher dele. Pois eu acho que falou até pras amantes do prefeito e do delegado. Para as amantes não, que putas de ofício não vão à igreja, nem pra batizar os filhos. Minha filha, tem muita mulher vista como séria que é maior bisca ruim e até comunga.

As putas têm dias certos para ir ao comércio da cidade. Quintas pela manhã e só por uma ou duas horas. Saem da zona, já na saída da cidade, em charretes com cobertura sobre os assentos. Se a charrete não é das cobertas, usam sombrinhas que lhes escondem o rosto. Quando as charretes param na rua principal, janelas das casas em frente são fechadas e há comerciantes que as atendem com as portas abertas pela metade.

Vender pras putas é muito bom. Sempre a dinheiro, à vista. Há ainda os que lhes fazem entregas diretas. Basta receber a lista do que querem pelo moleque de recados. Deve morar lá com elas. Um negrinho sem eira nem beira, sem pai nem mãe, enjeitado pelos avós, bonito que só.

Quem se importa de onde o dinheiro vem se é pra botar comida à mesa? Tem semana que o movimento está tão ruim, tão fraco, que as putas são a salvação da lavoura. Em tempos bicudos só o vício se sustenta. Pro sexo urgente, anônimo, pro cigarro e bebida sempre se dá um jeito. Dinheiro gasto com as putas tem retorno garantido na farmácia, lojas de sapatos, de tecidos, armazéns de secos e molhados. Rendem esmolas pros mendigos e doações para a igreja. Quando o movimento da zona dá uma caída, recorre-se às novidades. Fiéis frequentadores não resistem ao chamado de uma carioquinha de falar chiado, de uma paulistinha que tem histórias de Paris pra contar porque foi amante de fazendeiro milionário.

E há as grã-finas da cidade que fazem dinheiro vendendo na zona roupas chiques compradas em Campinas e que não usam mais. Vão de motorista até lá e garantem que não saem do carro. Mas quem ouve não acredita.

– Se fosse eu, saía do carro e vasculhava tudo. Quero ver a cara da vagabunda do meu marido. Me contaram que ele tem uma fixa por lá. Veio de São Paulo. Elegante e perfumada. Tudo presente dele. Rezo para que ele tenha um câncer que lhe entre pelo rabo e o apodreça inteirinho.

Possessa, não se importa com crianças por perto. Praga de mulher traída pega pra valer. Não tem trabalho de terreiro, de mesa ou de altar que desfaça. O marido pegou doença ruim das amantes. A mulher cuidou dele. Mas quando soube de toda a tranqueira acontecida, rogou-lhe praga que nunca mais tirou. Nem depois de morto. Nem rezou pra que melhorasse. Não era de todo má. Confinou o desgraçado na casa ao lado. Pagou alguém que lhe fizesse a comida, levasse os remédios e limpasse toda a sujeira. Ficou aliviada quando ele morreu de repente. Nem queria que sofresse mais. Deus dele havia tirado tudo. Feito Jó, no fim da vida, não tinha nem a companhia de um cão que lhe lambesse as feridas.

Nem dói mais

DAR CONFIANÇA PRA RAPAZ DE FORA É COISA DE MOÇA SEM juízo. Não adianta dizer que ele é tão bonito, distinto, bem vestido. Tem que saber de onde vem, se é de família, nome completo, endereço. Se tem emprego. É o que as mães, as tias, as avós dizem. Mas tem moça que não liga pra isso e depois do baile aceita carona de quem acabara de conhecer. Ele disse que estava ali porque era parente de beltrano e de sicrano. E a menina de família, tão branquinha, tão loirinha, tão olhos azuis, acordou na zona, cheia de informações falsas na cabeça zonza.

Era um passante e na lábia conseguira entrar no baile e citou nas conversas alguém importante da cidade que ali não estava. Naqueles tempos, motel era só aquilo que se via em filmes americanos. Só se sabia o que era zona, casa de tolerância, pensão barata.

As meninas danadinhas de boas famílias transavam nos carros dos namorados. As danadinhas de famílias pobres, no campinho de aviação que via avião só de mês em mês e, assim mesmo, daqueles pequenos. A que acordou na zona sai da cidade no outro dia, direto para Belo Horizonte. Vai morar com a tia. Lá estuda, arruma marido, filhos. Para ela, Ouro Fino nem dói mais, nem é retrato desbotado na parede da casa.

Agora, escândalo mesmo foi quando a mulher do fazendeiro mais rico da cidade e o chefe da coletoria, também casado, apaixonaram-se a ponto de correrem o risco de ter um caso sob a vigilância geral, sempre exacerbada quando mira a vida dos outros.

É quinta-feira, noite de movimento com duas sessões programadas de cinema. Alguém viu que a grã-fina do Rio de Janeiro entrou bem no final do expediente na agência e de lá não saiu. O marido, na fazenda. A notícia corre de boca em boca e começa juntar gente em frente da coletoria, na rua principal da cidade. Alguém deu umas moedas ao bobinho que vivia de esmola e recomendou que andasse pra cima e pra baixo gritando que Dona Fulana estava lá dentro, traindo o marido.

Ninguém entrou para primeira sessão de cinema, nem para a segunda. De repente havia uma turba ensandecida à porta da agência, ameaçando o casal com paus e pedras. O coletor pede socorro à polícia de Pouso Alegre, pois na da cidade ele não confia. Dois forasteiros enjaulados.

Quando o socorro chega, são retirados da agência e, sob proteção, levados imediatamente com a roupa do corpo para fora da cidade. Atrás das viaturas, uma procissão de carros de gente que adora

atirar a primeira pedra, a segunda, a terceira e a última. Buzinam, gritam enfurecidos impropérios aos fugitivos. Os pais da ricaça retiram a filha de Pouso Alegre sob escolta.

No Rio de Janeiro, desquitou-se, casou-se de novo e foi feliz para sempre em viagens a Roma e Paris. É o que contam dessa rica desnaturada capaz de ter vida longe dos filhos que só via, de quando em vez, por decisão judicial, durante visitas com horas marcadas no Fórum da cidade. O marido da adúltera apagou para sempre as luzes da frente do palacete em frente da praça. Não há quem passe por ali sem suspiros e algum lamento, enquanto ele continuou se divertindo com as caboclinhas da fazenda. Do coletor nada mais se soube. Depois que o fazendeiro morreu, o palacete foi vendido pelos filhos empobrecidos que nunca souberam ganhar a vida, só gastar o que tinham. Ninguém mora lá. Virou estabelecimento comercial. Quem comprou foi um político da cidade, cada vez mais rico.

A menina da janela

ESCREVER É TENTAR DOMAR BARCO À VELA EM MAR REVOLTO. Se enveredamos rumo ao norte, acabamos bem ao sul dos nossos pensamentos. Pensamos descrever uma árvore e, de repente, a floresta está diante de nós.

Não se sabe quais ventos trouxeram os pais portugueses de Dorinha a Ouro Fino. Exatamente ao sobrado, misto de ponto comercial e residência, da avenida Delfim Moreira. Só se sabe que Dorinha e a irmã eram branquinhas, quietinhas, comportadas. Ninguém via as meninas brincando na rua, nem passeando na rua 13. Também não iam a matinês, a bailes ou festinhas.

Dorinha só estudava. Fez primário, secundário e magistério. Dorinha estudava e ajudava a mãe nos serviços de casa. Às vezes o pai, no comércio. Era da escola para casa e da casa para a escola sem paradas pra bobeiras, sorvetes ou pular amarelinha. Aos domingos, ia à missa. Formada, começou a dar aulas para crianças. E a vida era do trabalho para casa. Da casa para o trabalho. Missas aos domingos.

Dorinha gostava de ver da janela a vida passar e na rua sempre passavam meninos. Os meninos cresceram e continuaram bisonhando Dorinha, que tinha horas certas para estar à janela. Um deles, mais atrevido e, talvez, incentivado por um olhar mais travesso da menina, bateu-lhe à porta com um buquê de flores. Namoraram, casaram, tiveram filhos e se mudaram de Ouro Fino. Para uma cidade bem perto dali mesmo.

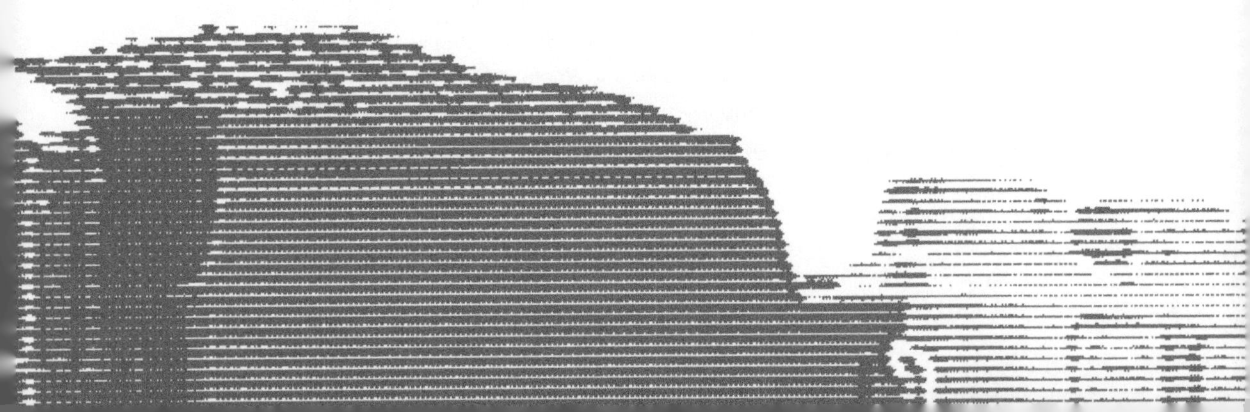

Diáspora mineira

NA LITERATURA MÍSTICA E DE MEDICINA ALTERNATIVA, AZURITA é pedra que fortalece o sangue, corta as ilusões, inspira a criatividade e a intuição. Ajuda a revelar e a dissolver más impressões do passado e é também conhecida pelas propriedades estimulantes do fígado e do sistema nervoso. De radiante tonalidade azul-escura, purifica mente e alma.

Foi de Azurita, lá pelas bandas de Itaúna e Belo Horizonte, que vieram os moços garbosos, Maurício e Osmar, que se deram bem em Ouro Fino, no amor e nos negócios. Maurício, que havia sentando praça na cidade, substituiu a farda por ternos elegantes encomendados a alfaites que faziam tudo a prestação. Seduziu uma italianinha loura de olhos azuis, casou-se e foi trabalhar no negócio do sogro. Logo trouxe o irmão Osmar, que desembarcou do trem numa tarde ensolarada, todo cheio de pose.

Os dois muito prosas, honestos, bons de lábia. Casas da cidade eram, para eles, verdadeiros palacetes, com seus móveis de estilo, camas de colchas alvíssimas de crochê, comida farta. E as moças casadouras? Verdadeiras princesas que se soubessem de onde vieram, nem olhariam pra eles. Moços pobres havia aos montes em Ouro Fino e não mereciam sequer um olhar das chamadas mocinhas de boa família.

Nair, irmã de Elzinha, conta que apenas um outro irmão de Osmar veio para o casamento deles e que ela só conheceu a sogra mais de um ano depois, quando viajou para Azurita de trem, levando nos braços seu primeiro pimpolho. A casa da sogra nem banheiro dentro tinha ou água encanada. Era água de bica, no quintal.

Osmar e Maurício pareciam ricos, bons partidos, de tão bem vestidos. Gostavam de comer do bom e do melhor e as cestas, que traziam com ajudantes do mercado municipal, aos sábados, pareciam vir do Jardim do Éden. Tantas eram as delícias e os perfumes de frutas as mais variadas, não só bananas e laranjas, nunca vistas nas casas de quase todo mundo.

Passados os anos, o depósito de fumo fechou, Maurício, que na verdade se chamava José, mudou-se com a família para Campinas. Osmar e família, para Itaúna coberta de fuligem de fornos precários para processamento de minérios. Outros da família andaram mais longe. Ouro Fino não era mais a cidade de braços abertos aos forasteiros e já expulsava até os seus. Era início da década de 1960 e a diáspora mineira, que havia começado em 1950 para São Paulo, espalha-se por novas paragens, o norte do Paraná e o Centro-Oeste.

Sonho de grandeza

– NÃO, NÃO HÁ NENHUM DIRETO PRA SÃO PAULO NESSE HORÁrio, não senhora, não senhor. Tem que fazer baldeação em Campinas – diziam os atendentes dos guichês da estação de trem ou do ponto de ônibus bem em frente dos Correios.

Rodoviária, naqueles tempos, em Ouro Fino, não havia. Depois construíram uma, no lugar da Cadeia Pública, derrubada sem dó nem piedade, sem uis, sem ais. O prédio, do qual não resta nem pó, ainda está catalogado como histórico nos arquivos do governo de Minas Gerais. Ah! sim, sobraram as grades das janelas. Grotescas, *nonsense* fincado em uma das praças da cidade.

A Ferroviária é bem antiga. Foi inaugurada em 1911 com grande festa. Podia-se chegar de trem do Rio de Janeiro ou do Sul do país a Ouro Fino. As viagens de trem até São Paulo eram corriqueiras. De São Paulo, descia-se a serra e chegava-se a Santos e de lá ia-se de navio até Gênova e depois, de trem, até Lucca. Cesira fez isso quatro vezes para reclamar herança e nunca voltou de mãos vazias. Mas isso foi antes da guerra.

Podia-se também chegar, nas décadas de 1930, 1940, a Anápolis, o ponto final da linha no coração do Centro-Oeste. Foi assim que Elzinha chegou, ainda criança, bem perto de onde seria Brasília, trazida pela madrinha, depois da morte do pai. O marido da madrinha fora designado gerente do Banco do Brasil na cidade mais rica de Goiás, onde o dinheiro do gado e do arroz corria solto.

Elzinha estudou em Colégio de Freiras de Anápolis. Só de meninas, filhas de gente rica. Foi quando se apaixonou pelo francês, língua trazida pelas irmãs professoras, e nunca se esqueceu do aprendido. Poderia ter estudado também piano, mas não quis. Era 1941 e Anápolis, independente de Pirenópolis desde 1907, florescia como se nenhuma outra cidade por perto fosse lhe fazer sombra.

Mas já vingava o sonho de grandeza desenvolvimentista dos aliados goianos de Getúlio Vargas, o de se construir uma nova capital para Goiás. Sonho que não cabia em nenhuma das cidades surgidas nas pegadas bandeirantes. Vila Boa, a antiga capital continua plácida às margens do rio Vermelho, emoldurada pelo sol que dorme na Serra Dourada. Goiânia foi inaugurada em julho de 1942. Chegou-se a pensar em batizá-la Petrônia, em homenagem a Pedro Ludovico, um de seus idealizadores. O político teve o bom senso de recusar tal bajulação. Em 1960, Brasília torna-se a mais esplendorosa realidade.

Em setembro de 1963, Elza, casada e quatro filhos, chega de novo ao coração do centro-oeste, depois de ter vagado com a família por São Paulo e Paraná. Dessa vez, de ônibus. Quando avistou uma nuvem de poeira na entrada do Eixo Monumental em direção à Rodoviária, disse para o sobrinho ao lado.

– Daqui não saio nem morta.

Não chegou a envelhecer na cidade que elegeu definitiva, antes mesmo de conhecer seu traçado, de ter endereço certo. Apenas 15 anos depois desse arco-íris de poeira, a família reunia-se para dar-lhe o último adeus no Campo da Esperança. O marido sobreviveu outros 15 anos sem ela, aos trancos e barrancos.

Do nada, essas lembranças

A lua entra pela
janela entreaberta
e anjos me visitam.
O vento sussurra
histórias das *Mil
e uma noites*,
do *Tesouro da
Juventude*, verbetes
da *Enciclopédia
Britânica*.

Fotografia tremida

A PRIMEIRA VEZ QUE ME VI FOI NUMA BACIA D'ÁGUA NO QUINTAL esquecida. Era eu, fotografia tremida. A partir de então, acalento sonhos e minha imaginação não cessa nem quando me vem o sono.

Tenho medos. Penso que posso morrer toda vez que estou triste ou feliz em demasia. Partidas e chegadas me fascinam. O movimento dos trens; o adeus do passageiro do último vagão virando a curva que encerra a cidade.

Na família é um contar sem-fim de histórias: de amores que vêm e vão, de amores em vão; de nascimentos, mortes, assassinatos. Nunca se preocupam com que vejo ou sinto. Mas me exibem às visitas e minhas dúvidas só provocam risos.

No campo de concentração de minha infância tem um jardim. Um pássaro me visita e um sapo me conta histórias. Durmo em travesseiros de ervas perfumadas e retratos dos mortos da família velam meu sono. Uma mulher senta-se aos pés de minha cama e me protege, à noite, dos torturadores, num embalo de que a vida é assim. É assim. Assim mesmo.

A lua entra pela janela entreaberta e anjos me visitam. O vento sussurra histórias das *Mil e uma noites*, do *Tesouro da Juventude*, verbetes da *Enciclopédia Britânica*.

Histórias celestes, humanas, minerais, histórias animais e vegetais que alimentam e fazem crescer meu amor sem medidas por mapas, mares, florestas, cidades e montanhas desenhadas em papel; o meu amor por astros, paisagens longínquas, pelo silêncio que sustenta o mundo e que o coração reconhece e chama de eterno.

A amiga estala os dedos. Pisco. Entardece. Há um arco-íris na água que respinga da fonte logo depois da janela que abre a biblioteca para o jardim. Dá para adivinhar, mais adiante, poincianas flamejantes, poincianas régias. O sol da Flórida já se apaga. O verão quase finda.

Pezinhos de lã

AS CONVERSAS DOS MAIS VELHOS ERAM-NOS PROIBIDAS. BEM que tentávamos ser invisíveis, passar despercebidos. Era um tal de prender a respiração, de andar nas ponta dos pés, de nos esconder atrás das portas. De fingir dormir embaixo de mesas, escrivaninhas, esparramados em tapetes.

Mas sempre havia aqueles que não se deixavam enganar e nos expulsavam do paraíso, mesmo sem termos alcançado e mordido a maçã, muitas vezes com vassouradas, beliscões de nos deixar marcas por dias, quando não a pontapés e puxões de orelhas.

E sempre havia sussurros pelos cantos da casa, voando das penumbras dos quartos até a sala e o quintal. Queixas, lamúrias e risinhos também, gargalhadas. Ruídos indecifráveis aos nossos ouvidos de crianças abelhudas.

Muitas vezes, acordamos pensando que alguém morria no quarto ao lado. As explicações eram sempre que tínhamos pesadelos, de tantas molecagens à luz do dia. Encontrávamos os que pareciam morrer à noite, entre gritos abafados e gemidos, lépidos e fagueiros, na manhã seguinte, à mesa do café já posta.

Tentávamos adivinhar segredos de cofres disfarçados de quadros nas paredes, de vidros de doces e latas de biscoitos, no alto de armários inalcançáveis. E se, por acaso, éramos surpreendidos na tentativa inútil de escalá-los, apresentavam-nos o catecismo, aberto na página do grande olho de Deus, dentro de um triângulo, vendo tudo para nos castigar sem piedade, no dia do Juízo Final.

Quando jovens, somos nós que não queremos conversa com os mais velhos. Não temos paciência para as boas histórias que nos querem contar, nem para queixas e saudades que não entendemos. Adultos, formamos nossas próprias famílias e os mais velhos estão ali apenas compondo cenários indispensáveis de aniversários e Natais que se sucedem cada vez mais rápidos.

Aí, amadurecemos. Começamos a envelhecer e passamos a buscar explicações para o que apenas presumimos durante nossa infância, adolescência e juventude. Queremos outros pontos de vista sobre o que foi a nossa vida e a dos que nos antecederam.

Perguntas e mais perguntas acendem-se velozes, mas quando as pronunciamos só ouvimos nosso próprio eco. Nossos avós, pais, tios, primos mais velhos já nos disseram o definitivo adeus. Se vivos, estão tão fragilizados que evitamos tocar em cicatrizes de feridas mal curadas, apesar do tempo. Mesmo boas lembranças chegam-nos cheias de suspiros, lágrimas e até lamentos.

E assim, começamos a pesquisar o que somos no que achamos ter sido. Procuramos luzes que sosseguem nossa alma, em fotos, cartas antigas, cadernos escolares, cavoucando e peneirando lembranças. E neste exercício, regados em sangue, suor e lágrimas, lentamente vamos construindo mosaicos, mesmo incompletos, desbotados, do que fomos.

Já somos capazes de compaixão. Podemos também tentar entender o que aconteceu aos que viveram próximos de nós, em segundo plano, quando estávamos muito preocupados em fazer carreira, em manter ou acabar casamentos, em criar os filhos, em conhecer aquele país, e também aquele outro.

De repente, apenas um pedacinho, o menor de todos, de cor mutante, indefinida, é capaz de jogar a luz misericordiosa sobre tudo. Não precisamos entender nada. Vivemos. Entramos em cena aos trancos e barrancos, aos berros pela dor de ter que respirar. Mas podemos dela sair sem perturbar a plateia, com a leveza dos nossos pezinhos de lã de meninos.

Tapas e lambidas

PAIS, MÃES, TIOS E TIAS NOS PROTEGEM DOS MENINOS DA RUA. Mas é com nossos primos mais velhos ou de mesma idade que rolamos pelo capim alto, fazemos ninhos. É com eles que mergulhamos nos montes de palha de milho dos paióis, que vamos pescar de peneira no córrego da fazenda e rolamos pela lama das margens.

Eles nos espreitam pela janela do banheiro; nos amassam, nos beliscam, puxam nossos cabelos, nos alisam. Correm atrás de nós. Corremos atrás deles. Nos empurramos, nos abraçamos. E têm aqueles que dão lambidas. Uma das primas grita furiosa: "Que nojo", e não para de rir. Dá um tapa no primo e ganha outra lambida mais gosmenta ainda. "Que nojo, que nojo", diz cada vez mais baixinho.

Os primos nos carregam nos ombros, de cavalinho nas costas. Em duplas, fazem dos braços cadeirinhas que nos levam pelas ruas feito princesas. Inventam de nos mostrar esconderijos de figurinhas, cacos de vidros coloridos, tampinhas premiadas. Dormimos juntos, muitos na mesma cama quando o rio transborda e a enchente ameaça levar tudo. Na cama da tia que nos abriga, dormimos de atravessado para que caibamos todos.

Fazemos guerra de travesseiros e brincamos de tirar a roupa, de mostrar aquela marca que cada um tem em lugares diferentes. Brincamos de nos arrepiar soprando uns nas orelhas dos outros, no pescoço. Brincamos de revirar os olhos, de mostrar a língua. De fazer cócegas por todo o corpo. Nos encaracolamos uns nos outros. Rimos tanto que até choramos.

Quando, enfim, ficamos em silêncio com as mãos a sentir o coração a pular fora do peito, quando, enfim, estamos exaustos de tantos gostos, cheiros, tatos, suor e saliva pelo corpo, deitados no chão a olhar o teto, uma das tias preocupada com o repentino silêncio, chega até a porta entreaberta do quarto. Espia com a respiração em suspenso. Volta e diz para os da cozinha:

– Já quase dormem de tão quietinhos!

Cachecol azulzinho

O PAI NÃO OUVE A MENINA. SOLTA MAIS LINHA. O PAPAGAIO DÁ um mergulho e empina de uma só vez e rápido. Papagaios de longas orelhas coloridas viajavam pelo céu, guiados por linhas invisíveis, até desaparecerem para sempre.

— Assim tão alto não, pai, assim tão alto não, que eles fogem.

— Menina medrosa, se fugir faço outro. Papel de seda e goma de polvilho não faltam.

O papagaio subiu, subiu e ninguém mais viu.

— Pare de chorar, bocó, que eu faço outro. Chora tanto que até soluça, coisa feia. Vão pensar que te bati, que soltei o papagaio de propósito. Foi não, foi o vento forte demais. Fique calma que ele vai cair inteirinho no quintal de um menino bonzinho. Sem pai que lhe faça um papagaio bonito que nem esse era. Na noite passada, o menino rezou e pediu que um papagaio lhe caísse no quintal e com muita linha pra puxar. Já tem uma lata de óleo vazia pra enrolar a linha. Vai ficar um tempão puxando e enrolando até que a mãe grite que a janta está na mesa.

De uma lata de óleo se faz caneco de litro pra buscar leite de manhãzinha. De lata de massa de tomate, xícaras para o café ralinho das crianças. Latas vazias, lamparinas fumacentas, bandejas, vasos de flores que logo enferrujam. A menina ajeita o cachecol azulzinho. Tá frio demais. Aperta a mão quente do pai. Ele está indo embora outra vez. Precisa ganhar a vida. É viajante. Semanas fora de casa, parando em cada cidadezinha de Minas e São Paulo, servidas por trens, com os catálogos da família de panelas, marca Penedo.

Vem o sono dos adultos

ALMOÇO DE DOMINGO. DEPOIS DE TANTA COMIDA E BEBIDA, VEM o sono dos adultos. Uns se fecham pelos quartos. Outros se esparramam na fresca do quintal. A menina pega a boneca e vai para a rua. Boneca molinha, de pano enrolado, boca de batom, olhos pretinhos a lápis de sobrancelha. Bola dos meninos? De meia. Brinquedos da cadeia municipal. Caminhõezinhos, ônibus com passageiros rabiscados nas janelas, trapezistas dando cambalhotas, amarrados por barbantes em duas varetas.

Tem avião passando bem baixinho, raspando telhados, torres das igrejas. A meninada acena. O piloto responde.

— Ele me viu! Ele me viu! — grita a meninada.

Foi num avião, daqueles grandes, que o pai voou até Mato Grosso. Aquele maior, daqueles que só se veem no cinema. Tem hélices enormes, nem desce no campo mixuruca da cidade. Só em Campinas. Da última vez, o pai chegou com uma boneca comprada dos índios de Cuiabá. Tão grande que ela a arrasta pelo quintal e calçadas. Índios de verdade, só que de roupa.

— Você viu?

— Não, meu pai viu. Ficam espalhados pela cidade oferecendo coisas para quem passa.

Boca de pito

NO DICIONÁRIO CAIPIRÊS, É O CAFÉ QUE FICA NO BULE, ALI NO fogão à lenha, quando a comida depois de feita já foi retirada, mas a trempe ainda guarda o calor das brasas. Não é um café para se tomar saboreando, mas para se molhar a garganta e deixar o cigarro, quase sempre de palha, mais gostoso de ser tragado.

Não se passa café novo pra fazer boca de pito. Para isso, basta um tantinho assim meio morno ou até meio grosso de tão requentado. Tem os que fazem boca de pito apenas enxaguando a boca com o café e depois cuspindo o líquido fora. Pita-se tanto que se tomasse de verdade o café, mesmo naquelas xicrinhas, toda vez que se acendesse uma palha, imagine o mal que a bebida faria ao estômago.

Café da manhã ou da tarde é bem diferente. Pão com manteiga, biscoitinhos receitas de família precisam de xícaras grandes e o café quase fraquinho. Não tão fraco que não tenha forças pra sair do bule, recomendava-se a quem fazia. Sempre muito quente. Com um pouquinho de pinga ou conhaque se é inverno.

Cambraia pele de ovo

NEM CHOVEU E O RIO SUBIU DE UMA VEZ SÓ. UMA TROMBA--d'água na serra. Nas casas, desespero de rezas e arrumação de coisas.

— Levem as crianças daqui, pelo amor de Deus!

O mais novo é enrolado na toalha de plástico toda estampada. Nem acorda. Cai na água e flutua.

— Valha-me Deus, Nossa Senhora e todos os santos juntos que consegui agarrá-lo na correnteza!

— Eu não disse que a toalha impermeável tinha serventia? Valeu cada tostão que custou! E você reclamou que era despesa inútil.

Salve-se o que puder. A água derruba o muro da casa em frente. Entra com força nos quartos, e as colchas alvinhas de crochê boiam, boiam e acham pela janela o caminho da rua.

— Nossa, aquela ali foi minha avó que fez, lá se vai a última lembrança que eu tinha dela. Os pratos de arroz-doce já se quebraram todos. Lá vai a colcha embora de vez. Quem achar, dura de barro, que faça bom proveito! Nunca mais será a alvinha de antes.

Mais água. Um turbilhão. E as gavetas se despregam da cômoda.

— Lá vai todo meu enxoval, meu Deus!

O marido já até morreu e tinha lençol sem uso. De linho. Tinha pena de usar. Passaria à filha. A primeira que se casasse. Adeus, lençóis de linho, bordados em bastidor, pontos-cruz, pontos-sombra, camisolas do dia, cambraia macia, pele de ovo. Tardes de suspiros, lamúrias, café fraquinho e bolinhos açucarados.

Pé-de-
-valsa

O PAI DIZIA QUE BILHETES VÃO DOS BOLSOS DE POLÍTICOS DIRETOS para a lata de lixo. Mas o da tia viúva que dançava de tudo, até tango, não foi. Na campanha para governador de Minas, Nonô, conhecido pé-de-valsa, foi a Ouro Fino.

Um amigo da tia viúva disse-lhe:

– Vá ao Éden Club à noite que eu arrumo um jeito do Juscelino tirá-la para dançar. Enquanto dança, explica sua situação pra ele: que é viúva, tem 32 anos, seis filhos para criar, que não pode ficar nessa situação de professora com contrato temporário, que precisa ser efetivada.

Cumpriu o roteiro à risca. Dançou com o candidato. Fez bilhete com seus dados pessoais e o entregou em mãos. A história caiu na boca do povo e foi motivo de piada. Literalmente piada de salão. Juscelino é eleito e empossado. Dois meses depois, a nomeação da tia sai no *Diário Oficial* do Estado de Minas Gerais.

Juscelino tinha adoração pela mãe, professora primária que ficara viúva e criara os filhos com extrema dificuldade. Enquanto viveu, a tia acendeu vela e rezou agradecida todo dia 12 de setembro, aniversário de JK.

Cedo demais pra morrer

"MARINA, MORENA MARINA / VOCÊ SE PINTOU. MARINA MORENA, Marina / me faça o favor..."

A babá da menina está de namorado. Encontra o irmão na rua e leva tapa na cara. Junta os trapos e grita que vai morar na zona. Noutro dia não aparece no emprego. Dão seis, sete, nove horas da noite e ninguém sabe, ninguém viu Marina. A mãe da menina, preocupada, diz para o marido ir atrás da babá.

— Na zona?

— É, na zona. Vai buscar que com esse peso na consciência não fico.

O pai vai a contragosto.

— Cada coisa que você me apronta, mulher!

Vai e volta ressabiado. Teve que dar muitos boas-noites. Boa noite, prefeito! Boa noite, delegado! Boa noite, juiz! Boa noite, dono da loja da esquina! Boa noite, professor! Boa noite, boa noite...

— Mulher, vê se não me apronta outra dessas!

— E eu ia deixar Marina cumprir a ameaça?

Não cumpriu mesmo. Pegou o ônibus da madrugada para São Paulo. Faltou coragem e voltou. Saiu de novo com o namorado e apanhou de novo na rua. Do pai. De noite tomou leite com formicida. Depois chorou alto que era jovem demais pra morrer. Cortou o coração da vizinhança. O pai correu para a rua. Apertou as mãos nos ouvidos para não escutar. As janelas se fecharam para ele não passar tanta vergonha. "Marina, morena Marina..." Chorou a noite toda que não queria morrer. Não adiantou de nada.

— Tá vendo aquela pedra que a luz do poste ilumina?

— Aquela, perto do portão da casa que ela morou?

— Quando as cadeiras do bate-papo saem da calçada, e todos os rádios contam o último capítulo de *O meu destino é sofrer*, a alminha dela chega de mansinho e toma assento ali. A luz se desvia da pedra e só bate na calçada, que é pra ela ficar em paz.

Cravos-
-da-índia

AMBRÓSIA SEMPRE FOI PARA AS CRIANÇAS DA FAMÍLIA AQUELA presença branca-de-neve cada vez mais imobilizada e sem esperanças de um príncipe salvador. Sempre alerta, mesmo cochilando, no quarto de passar roupas e de costuras, da casa 44 da rua de um só quarteirão, a Wenceslau Brás. A casa da irmã viúva.

Da janela do quarto, o jardim de copos-de-leite e rosas, sombreado por buganvílias de muitas cores que coabitam a copa de um só arbusto. O artista jardineiro havia lhe trançado o tronco a partir de várias mudas. Ali, Ambrósia passou, depois de abandonada pelo marido e sem filhos, a maior parte da vida adulta e velhice. O corpo paralítico sucumbiu, enfim, numa tarde de sol morno, às desgraceiras da vida. Descansou, disseram. Sofreu demais, a coitadinha. Foi um alívio para os mais velhos da família.

A tia-avó Ambrósia fez nossa meninice mais feliz e cheia de novidades. Tudo de bom acontecia naquele quarto de serviço bem em frente da sala de jantar. Tudo que ela não conseguia mais comer. As visitas sequer chegavam aos primeiros degraus da porta da rua e já avançávamos em direção às uvas transparentes de tão grandes e maduras, fatias imensas de bolos de aniversário, de casamentos. Brigadeiros. Beijinhos, tentações espetadas com cravos-da-índia.

Era um entra-e-sai naquele quarto. De gente da casa e de visitas. Depois da sala de jantar, a cozinha. Assim fica mais fácil de cuidá-la e, ao mesmo tempo, cozinhar, passar roupa, costurar, montar os quadros coloridos das colchas de retalhos que o outro inverno já vem chegando.

Ambrósia ficou entrevada depois de anos e anos de trabalho de sol a sol, na enxada, fazendo comida para os camaradas, lavando roupa, trabalhando igual ou mais que as mocinhas da roça. Perdeu muitos bebês não nascidos, prenúncio da doença que a prendera em vida naquele quarto. O marido fora embora pra Goiás e lá ficou. Mudou, enricou, se amigou, levou o cobertor. Nunca mais voltou.

Perdeu primeiro o movimento das pernas, depois dos braços. Não fala. Mas um olhar mais aflito ou gemido mais longo já sabemos: quer mudar de posição, comer, descansar, ir ao banheiro. Cabelos sempre penteados. Os olhos brilham cada vez que a porta se abre. Gosta de ter gente por perto, de converseiras bobagentas. A pele de seda do rosto vira um pimentão de tanto que ri nessas horas. Chorar, só em silêncio, quando todos dormem e só uma luz fraquinha faz adivinhar os móveis do quarto.

Não havia noiva da família que depois da cerimônia na igreja, antes mesmo da festa, não passasse para a bênção da tia Ambrósia. Disputávamos, em seguida, lugar para os beijos daqueles seres diáfanos envoltos em organzas e tules, princesas das histórias que nos contavam, quase anjos.

Primos e primas mais velhos, logo que oficializavam pedidos de casamento perante os pais, também passavam ali para a devida comunicação. E como era lindo vê-los, depois, subindo em direção à igreja ou ao cinema da rua 13 de mãos dadas, se namorados, ou ele com o braço nos ombros dela e ela enlaçando-o pela cintura, já noivos.

Tia Ambrósia trouxe o ecumenismo para dentro da casa da Vó Ina. Por ali passavam padres, freiras, beatas, espiritas kardecistas, espíritas de terreiro e até gente protestante que, naqueles tempos, ninguém era chamado de evangélico. Crianças, vivíamos entre terços e incensos, leituras do Velho e do Novo Testamento, de visitas misteriosas de um tal pai Jacó e de seu amigo pai João, que insistiam em baixar de surpresa entre os da família. E, quando isso acontecia, era um trança-trança em busca de charutos e cachaças das melhores porque, como sabemos, gente desencarnada é exigente.

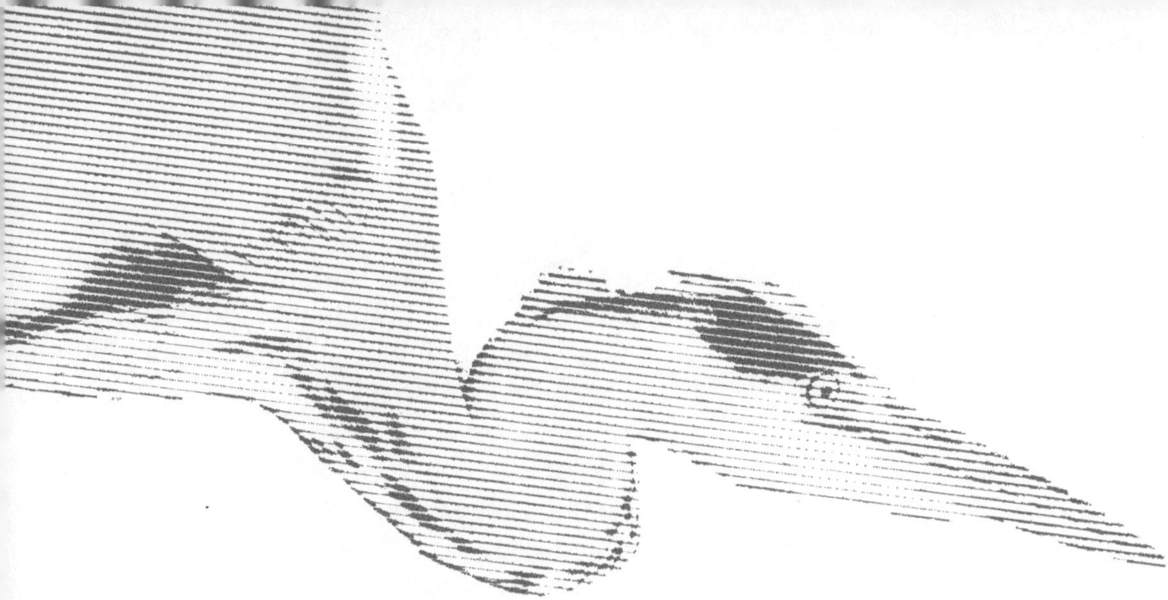

Cavalos alados

SIGO MINHA AVÓ MATERNA PELOS CÔMODOS, UM A UM, DA NOSSA casa mais antiga. Respiro incenso e vou ficando zonza. Já estou em outro mundo bem distante, em companhia de cavalos alados, anjos coloridos, flores desconhecidas.

Horas voam. Trabalho de casa nunca se acaba.

– Ai, se eu ganhasse um tostão pra cada prato que lavei na vida – diz desolada a mãe, todo santo dia.

Quando a tarde passa do meio, o que está costurado, passado, é dobrado e vai direto para as gavetas ou é pendurado nos cabideiros dos vários guarda-roupas da casa. Camisas e calças sociais de um lado, bem separadas das roupas de trabalho. Vestidos de ver Deus têm lugar especial: a porta do meio. Tudo cheira a limpeza. O que resta para ser feito fica em cestos embaixo da mesa: roupas para passar, roupas para remendar, retalhos.

Vamos para a cozinha. Numa tigela de borda descascada, pão amanhecido, leite, açúcar, café. É hora de pensar no que se terá para a janta. O portão grande da frente já já se abre e os tios chegam do trabalho.

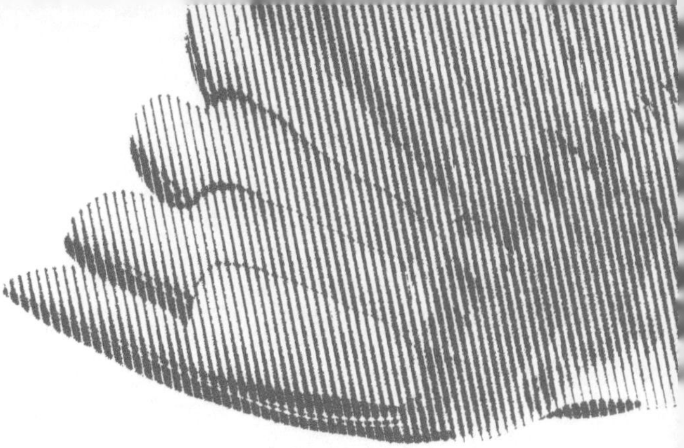

Cabelos de viúva

VESTIDO ESCURO. PRIMEIRO PELO MARIDO, DEPOIS PELO FILHO. Sempre às voltas com panelas no enorme fogão a lenha. Por um momento, desvia a atenção do arroz fumegante e olha para a menina:

– *Bambina, bambina mia! Guarda che bello ochio, che piccolo naso!*

A avó sempre distribuindo comida direto na boca das crianças que passam pela cozinha. E é sempre doce o gesto. Sempre doce a comida, mesmo quando salgada. Usa um avental enorme, colorido, em cima do vestido escuro, que sempre tira quando alguém bate à porta. O luto já dura vinte anos e ela é ainda tão jovem! Não cortou os cabelos desde que o marido morreu naquela noite de tempestade. Marido vivo, cabelos soltos na altura dos ombros, enfeitados por coloridos lenços de seda. Viúva, sempre presos. Faz duas enormes tranças, as enrola e as prende com grampos enormes.

Quando é de tarde, sai do banho e chega ao quarto grande iluminado pelo sol laranja do outono. Solta os cabelos molhados na toalha muito branca. Senta-se na cama de pés bem altos, diante do grande espelho da penteadeira, e desembaraça os longos fios bem devagarinho e com muita paciência. Este é um dos poucos momentos que tem para si.

Os cabelos precisam estar secos antes de trançados. Fico ali só olhando e ela sorri. Cuida de mim quando adoeço. Prepara chá com rezas. Sente se estou com febre, mão espalmada na minha testa. Passa óleo perfumado no meu peito e eu respiro melhor. Quero o seu colo. Não me atrevo a pedir. Ela está sempre tão cansada! Trabalha tanto. Lava, passa, cozinha, costura e, agora, trança os cabelos devagarinho. Ela tem o cheiro de canela do arroz-doce que esfria no mármore da pia da cozinha. De canela, de cravo, de algodão-doce.

Labuta sem fim

JANELAS QUASE CERRADAS. O SOL ENTRA PELAS FRESTAS. SINAL de que você está com dor de cabeça. Essas suas horríveis dores de cabeça. Temos que andar nas ponta dos pés. Meu tio parou o carrilhão do relógio. Nada pode perturbá-la. Se a casa não ficar às escuras e em completo silêncio, você não sara. O fogão fica apagado. Vamos comer na casa da tia, em frente. Tudo fica triste.

Você está assim porque teve aborrecimento muito grande. Um dos genros brigou com um dos seus filhos e nessas horas você não sabe como agir. Não quer ficar contra o filho, mas também não quer tirar de todo a razão do genro, porque aí quem mais sofre é a filha. E esse impasse faz você ficar de cama. Quem sabe assim eles encontrem logo uma solução.

Quase sempre é problema de dinheiro. A fazenda foi embora, a casa grande da avenida também, para pagar dívidas. Agora tem o depósito de fumo, tocado por filhos, genros e aparentados. Para o fumo ficar assim cheiroso, úmido e lustroso, precisa ficar bem enrolado. Trabalhão danado enrolá-lo naqueles cambitos parecendo os de tirar água de poço. Depois, corta-se o suficiente para que, em círculos, caiba direito nas latas.

Há os tios que dão duro no depósito, mas estão perto da família. E os que viajam para vender o fumo de armazém em armazém, farejando oportunidades em cidades médias, pequenas e bibocas, onde nem de trem se chega. Tem de ser de jardineiras, aos solavancos, comendo poeira. Esses até que ganham mais, mas pagam o preço de ficar longe das famílias, sem comida quentinha na hora.

Acredita que um deles, certa vez, acordou e se viu numa pensão das vagabundas, em cidade fim de linha de trem, com a cama cheia de percevejos? E outro que, morrendo de fome, teve de comer o feijão que a dona da pensão trazia, segurando a tigela de qualquer jeito, com os dedos de unhas amarelas tocando no caldo?

Os que viajam recebem mais dos seus mimos quando chegam. Coitados! Tanto tempo fora! E vem aquela ciumeira dos que sempre ficam. Às vezes, a brigalhada continua por muito tempo, tem um genro mais esquentado que outro. Cansada de esperar que os ânimos se acalmem, que o chororô das filhas se aplaque, você se levanta e continua aborrecida do seu jeito: trabalhando cada vez mais e no pesado.

Trabalho que não lhe dá rendimentos, nem agradecimentos. E sempre tem aquela nora, aquela filha grávida. E os bebês nascem sempre no quartão da casa, o maior de todos, que é pra mãe, marido e filho ficarem confortáveis. E aí o trabalho duplica, triplica. Você atende a todos com aquela conformação de que a vida é assim, é mesmo assim. Labuta sem fim.

Porque é assim mesmo

HORAS SAGRADAS NA CASA DA NOSSA AVÓ MATERNA ERAM AS de almoço e jantar. Onze e meia e o almoço, no fogão de lenha, estava pronto, à espera do filho ainda solteiro, balconista da Casa Caponi e da criançada que chegava da escola. Nos dias comuns, o almoço era na cozinha mesmo, em uma mesa retangular tão grande que cabia quantas cadeiras fossem necessárias.

Sobre a mesa, toalha xadrez, mesmo aquela já remendada de tanto uso, sempre limpíssima. Os pratos eram postos, mas se servia direto no fogão, de onde a comida não saía até que o mais retardatário chegasse. O almoço era assim, em turnos, tanta gente era. Sem contar os que apareciam de surpresa:

— Boa tarde, Dona Venerina, tava passando, senti esse cheiro bom e não resisti! — Era o que mais se ouvia.

A mesa da sala de jantar era só posta aos domingos, Natal e aniversários. Nessas ocasiões, saíam das gavetas as toalhas de crochê, acompanhadas das histórias de quem as fez, de quem deu de presente, de que tinha tantos anos e mesmo assim se apresentava sem uma manchinha, alvinha que só!

Mesa era lugar sagrado e comíamos ali como se estivéssemos numa missa. Aliás, essa era a ideia mesmo. Comer na cozinha ou na sala tinha que ser em silêncio; esperar os mais velhos serem servidos, para que pudessem escolher o melhor pedaço do frango ou o maior bife.

— Por que, vó, tenho que esperar os mais velhos? Quando vou me servir só tem asinha, pescoço e pedaço com muito osso!

— Porque é assim mesmo. Por acaso é com seu dinheiro que a comida foi comprada?

Os pratos das crianças bem pequenas eram feitos para a comilança barulhenta no quintal. A avó estendia uma toalha, no pedaço à sombra, cimentado e limpo. As refeições na sala de jantar sempre

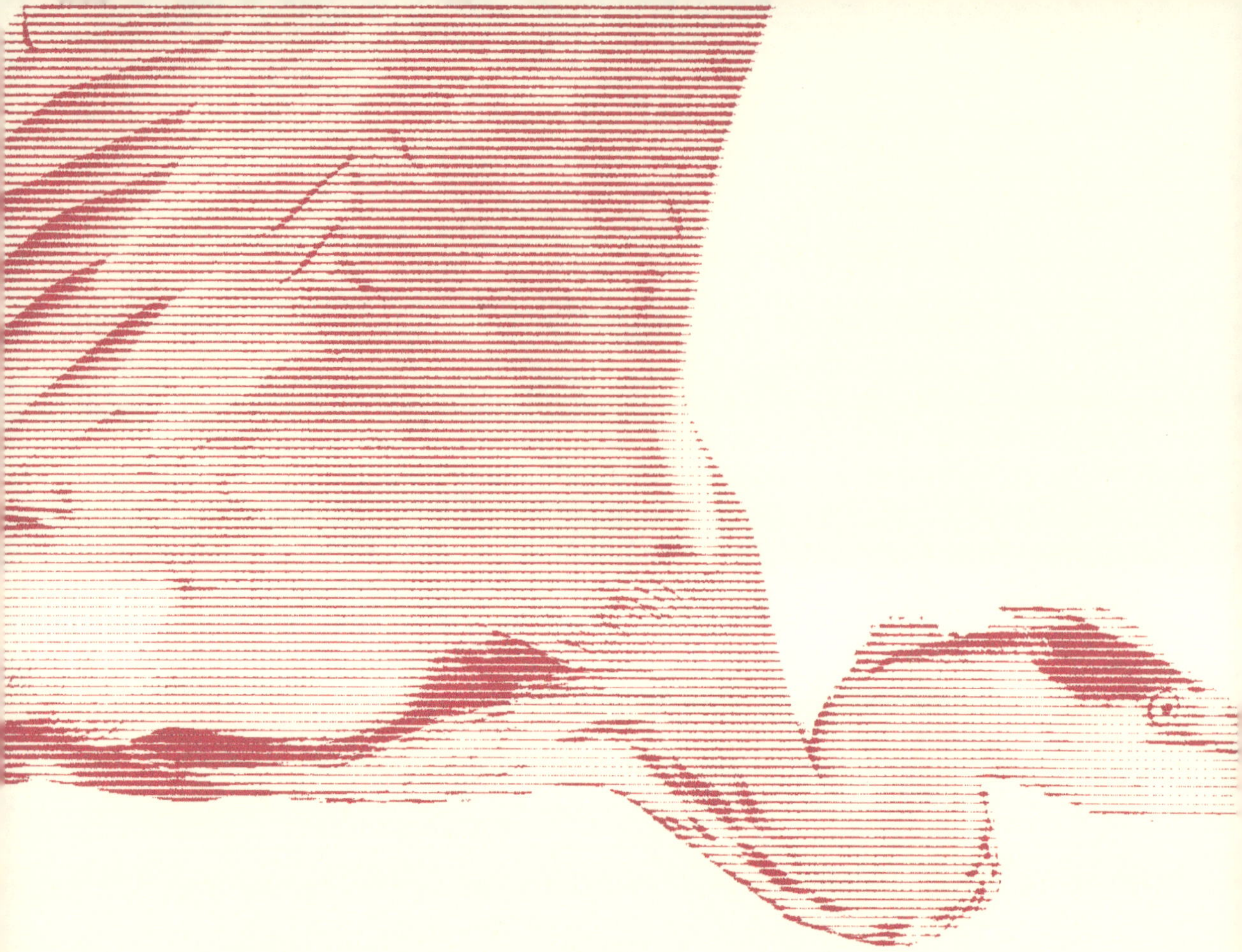

tinham aquela gravidade de uma última ceia, a seguinte nunca estava agendada e dependia de variáveis conhecidas, como datas comemorativas, e muitas outras, bastante desconhecidas como o humor dos mais velhos e o tanto de dinheiro disponível.

Para o pai da menina, comer assim com tantos modos era um martírio. Na casa da Vó Quinha, hora de almoço e janta era para se botar o papo em dia e se saísse alguma briga, alguma discussão por isso ou aquilo, se alguém deixasse a mesa aborrecido ou alegre que assim fosse. Quem chegasse primeiro não esperava ninguém para se servir da comida bem simples, mas igualmente deliciosa.

Quase sempre não tinha nem toalha sobre a mesa da cozinha e as noras não se conformavam com isso. E o pior de tudo! Muitas vezes quando era de noite ou de tarde e a avó estava ali entretida com alguma quitanda, muitos dos adultos, sem qualquer cerimônia, usavam a mesa como banco. Sacrilégio! Pecado mortal.

Tanta doçura!

O AVÔ ENSACA OS FIGOS AINDA NO PÉ PARA OS PASSARINHOS não se assanharem. Os figos mostram madureza quando deixam pingar um fio de melzinho. Comida de beija-flor, de borboleta amarela. Moscas também se aproveitam de tanta doçura. Depois vão descansar na rede que a aranha tece e viram comida. Cada neto, um figo. Mas só depois do almoço.

Linguicinha e mandioquinha fritas, arroz branquinho e soltinho, feijão com torresmo. Couve cortada fininha só murchada na frigideira. Abobrinha e chuchu temperados feito salada.

A menina espicha os olhos pra depois da porta. O avô está ali bem quieto, distraído com o movimento da rua. Dona Filomena pegou sal na vizinha. Dona Mercedes coloca na janela o vaso de flor. É o aviso. Destranca o portão. O marido saiu e o moço, filho da vizinha, pode entrar.

O bobinho passa pedindo uns trocados. E lá vem de novo a nega baleira com sua cantoria. Bala de coco feita no dia, desmancha na boca e deixa gosto de quero mais. A calça do avô, cáqui e largona. Suspensórios caindo até à metade dos braços. Cigarro apagado no canto da boca. Canivete de cabo perolado. Alisa até que a palha fica transparente. Pica o fumo, miudinho. Faz um caminho de fumo na palha. Cheira. Enrola. Termina com uma dobra na palha. Junta de dez em dez e amarra com elástico. Se chegar quem queira, vende. Dá uns trocados.

E se o avô tropeça nos degraus da frente da casa, e se fica gripado? E se resolve que está cansado demais? E se se desaparece no trem da tarde, rumo a Santos, na viagem de volta que o bisavô não fez? E se embarca num navio branco e azul com seus passarinhos, figos, pitangas e romãs, mudas de café e um saco de terra que lhe cubra os ossos?

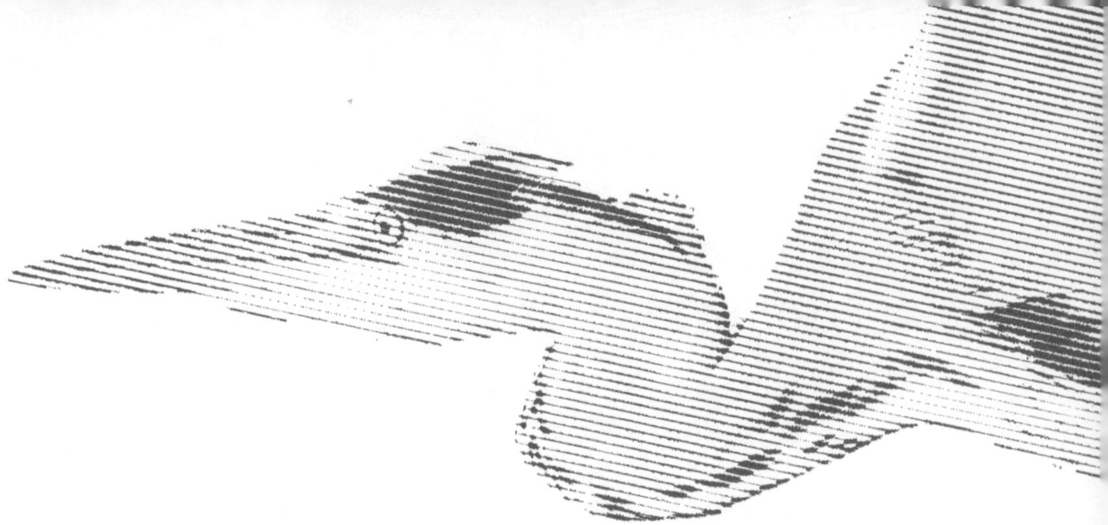

De dia claro, assombração não se mostra

HISTÓRIAS QUE A BISA MARIANA CONTA SÃO DE ASSOMBRAÇÃO, de menina enterrada viva pela madrasta. Na mesma cova, a má plantou uma figueira que logo vingou. Brota e empurra para fora um chumaço de cabelos louros. O pai descobre tudo e mata a malvada. Onde foi enterrada nem erva daninha nasce. No quintal da avó tem uma figueira. Criança nem passa perto. Se passa, passa correndo.

– Deixa de ser boba, menina! De dia claro assombração não se mostra.

O coisa-ruim aparece é de noite. Quando clareia se veste de ovelha, lambe as mãos do pastor e mata a sede no mesmo olho-d'água de todos. Quando a sombra retorna, as garras começam a crescer. O balido vira uivo e ele se esconde entre as pedras. Mas só depois que o pastor faz a contagem e vai embora dormir. Nessa hora todo cuidado é pouco. É bom sempre ter um fogo aceso, lampião, lamparina, uma vela, o que for. Nada de ficar no escuro que o bote é certo. Andar com um terço nas mãos ajuda. Uma medalhinha de Nossa Senhora do Perpétuo Socorro também é de valia. Sal grosso, réstia de alho e tino na respiração do animal que o guia, que eles de longe farejam o perigo.

No dia das almas, quem não vai à igreja nem faz penitência acorda na virada da meia-noite com uma ladainha. Abre a janela e vê uma procissão. Os passantes entregam velas acesas em cada janela aberta. Vela entregue, a rua se esvazia num relâmpago. Uma ventania apaga as chamas. As velas viram ossos nas mãos dos assombrados. Ossos de gente desencarnada faz tempo.

Creio em Deus Pai, o Todo Poderoso! Cruz-credo, Ave Maria! Não fale em coisa ruim, que ela aparece! "A nós descei divina luz. A nós descei divina luz. Em nossas almas acendei o amor, o amor de Jesus!"

Não passe pelo cemitério de noite. Minha mãe passava com a irmãzinha. Lá de dentro aquela cantilena: "um para mim, outro procê, uma pra mim, outro procê." A contagem acompanhava os passos delas por toda a murada. "Um pra mim e outro procê." Silêncio. Mais silêncio. E de repente o grito: "Agora vamos pegar as duas lá de fora". Chegaram em casa com o coração pela boca. Tomaram água com açúcar, chá de cidreira, foram benzidas até que dormiram.

Anjo de asas de garça!

PAREDES LIMPAS ESTÃO ALI PARA SE RABISCAR? E ANIMAIS, DE asas ou patas, gentis ou feras, pra se matar, engaiolar? Garças enfeitavam a grande lagoa da fazenda do tio Mário. As mais belas, as mais elegantes e altas eram abatidas por puro prazer do troféu.

Espingarda de matar passarinho dá pra até se fazer nas horas de não se fazer nada, na varanda da casa. Domingo era dia de matança. Caboclo que não jogava futebol tinha essa mania depois do almoço, a de sair. Não pra contemplar. Mas para competir com armadilhas e tiros.

Quem traria o maior tatu? O maior pássaro?

Era mesmo uma judiação. "Se pelo menos virassem comida!", suspirava fundo Vó Ina.

Havia gente que comia tatu, que botava fogo nas tocas que achavam. Os bichos, transtornados pelo calor e fumaça, eram presas fáceis. Certo dia, um dos camaradas chegou à sede da fazenda com uma garça linda morta dentro de um saco. Por que fizera aquilo? Pra se mostrar. Qual o valor de uma garça morta? Viva deixa tudo mais belo, em paz. Mas quem se importava com isso?

O caboclo nem sabe o que fazer com a ave já pesada de morta. Vó Ina pede a linda garça de presente. Inconformada pega a faca mais afiada. Separa com cuidado as duas grandes asas do corpo. Lavas as asas. Estende um lençol bem limpo no varal de bambu em cima da grama. Coloca as asas para que sequem ao sol. Secas serão ainda mais brancas.

Passaram-se semanas. De volta à cidade, experimento a longa bata de cetim branco. Vou de anjo coroar naquela noite, outra vez, Nossa Senhora, logo depois da novena. Duas asas de longas penas são ajustadas às minhas costas. Lembro-me da família de garças à beira da lagoa. Todos se lembram. Choramos.

Foram as asas mais lindas da história das coroações de Nossa Senhora em Ouro Fino. As outras crianças tinham imitações de asas, muitas até feitas de papel. E assim a garça continuou a voar, a subir, durante muitos anos, também em companhia de outras meninas da família, ao topo do altar da igreja matriz. Sempre em maio. Mês das rosas. Mês de Maria.

Santinhos e sabonetes não valem

VÉSPERAS E DIAS DE ANIVERSÁRIO DE CRIANÇA SÃO DE ALVOROÇO, de animação na cozinha. As tias chegam todas juntas aos sussurros e risinhos abafados. Falam dos maridos e coisa boa não é. A avó dá início com pompa e circunstância ao ritual de preparação dos comes e bebes, que começava com a quebradeira de ovos.

Gemas são separadas das claras. Gemas são batidas com açúcar refinado, luxo em dias especiais, até ficarem esbranquiçadas. Claras são batidas com dois garfos bem grandes até o ponto de neve. Parte afofaria o bolo. Parte, misturada ao açúcar, a corantes e sumo de limão, vai para a cobertura. Claras, já separadas, que as tias trouxeram de casa, são destinadas aos pequenos suspiros, crocantes por fora e molhadinhos por dentro.

O bolo principal, de andares, é, na tarde véspera do aniversário, colocado ao sol para que o glacê fique durinho. Bolo feito, docinhos começam a ser apurados até darem ponto em tachos e panelas. Brigadeiros não facilitados pelo leite condensado comprado pronto. O ponto era dado na ferveção. Beijinhos têm cravos espetados bem no meio. Cajuzinhos têm amendoins inteiros encaixados no topo, imitando castanhas. Manjares de todas as cores são dispostos em lindos pratos de vidro, presentes de casamentos que só saem da toca em dias de festas.

Salgadinhos são empadas de palmito e de frango; pães de minuto recheados, pizzas fatiadas, espetinhos de azeitonas, queijos e salsichas. Todas as janelas da casa que dão para a rua foram abertas; vidraças passaram por faxina geral. No quarto de visitas, uma colcha bonita na cama para os presentes que começam a chegar, antes mesmo da festa. Os primeiros são sempre dos padrinhos e madrinhas das crianças. São os mais caros e bonitos.

Os convites são feitos verbalmente e de porta em porta. Obrigação do aniversariante, sempre acompanhado de um primo mais velho. E há os atrevidos que, depois de entregarem o convite, dizem desbocados:

– É para levar presente, sabonete e santinho não valem!

Na sala de jantar, a mesa quadrada recebe toalha de crochê ou de rendas, as mais alvinhas. Pratos são colocados um a um, cuidadosamente, em volta do bolo, a estrela da festa, depois do aniversariante, é claro! Algumas flores no vaso em cima da cristaleira, toalhinha engomada embaixo do filtro, na cantoneira. Pronto, todo mundo de banho tomado e roupa de festa a espiar da janela a chegada quase em fila dos convidados.

De frangos e de porcos

PELO MENOS TRÊS VEZES POR ANO, O PUXADINHO DO QUINTAL da Vó Ina é também cenário de facadas certeiras no coração de porcos que mal andavam de tão gordos. Obesos mórbidos a poder de mandioca, angu de fubá, um pouco de milho e lavagem recolhida da vizinhança inteira. Para quem não sabe, lavagem é resto de refeições, misturado com cascas de frutas e legumes, além de comida que de tão requentada, não tem mais condições de ser servida.

As crianças têm como tarefas buscar os pães da manhã e da tarde na padaria, leite na leiteria, linhas e botões nos armarinhos, além de recolher, à noite, depois do jantar, baldes de lavagem pela vizinhança. E quase sempre apostam corridas, derrubando parte daquele azedo pelas calçadas.

Crianças são proibidas de presenciar a matança de frangos, cabritos e porcos. Ficam com pena dos bichinhos, o que só lhes prolongam a agonia. É o que dizem os mais velhos. Mas depois das presas serem degoladas, esfaqueadas, as crianças podem assistir a tudo.

Dos frangos e galinhas só não se aproveitam olhos, bicos e unhas. Depois de mortos são pendurados pelas pernas numa cadeira para que o sangue desça quase todo para a cabeça e o pescoço que, depois de limpos e apartados do corpo, têm as extremidades amarradas para o devido cozimento. O sangue retido transforma-se, então, em espécie de chouriço bastante disputado à mesa. Outro ritual possível é o da separação do sangue para o molho pardo ou à cabidela.

Decapitados, nossos amigos de tantas correrias pelo quintal e ruas são jogados nos caldeirões de água fervente para que as penas amoleçam rápido. Feito isso, começa o depenamento. Penas grandes e duras são descartadas. As menores e macias, secas em peneiras com um pano por cima, para não voarem, viram travesseiros.

Todos os miúdos, inclusive as tripas, são aproveitados. As mais finas, depois de uma limpeza, que inclui a retirada de uma película

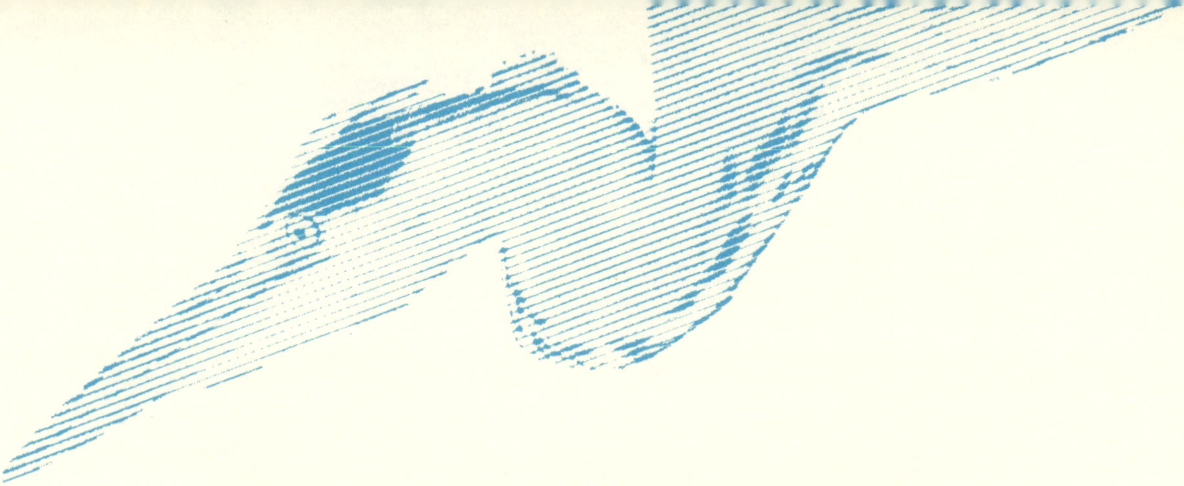

interna, são picadas em rodelas e cozidas junto com a carne. As mais grossas, depois de recheadas, viram linguiças. Para que isso pudesse ser feito, as tripas eram viradas do avesso com a ajuda de uma agulha de tricô.

Porcos que, no outro dia mesmo, arrastavam a barriga pelo quintal de tão gordos, sofrem o mesmo ritual. O sangue é aproveitado em chouriços embalados nas próprias tripas. Os miúdos transformam-se em sarapatel. A banha mais espessa é derretida e guardada em latas. A mais fina, com um pouco de carne, vira torresmo. Antes de ser aberto ao meio, o querido porco é pelado. Recebe um banho de álcool. Fogo aceso sobre o couro, lá se vão os pelos mais grossos. Então, é ensaboado e raspado à navalha até ficar rosado, quase branco e lisinho.

Enxaguado e enxugado, o porco está pronto para ser aberto. Os vizinhos que contribuíram com as refeições do morto ficam, por ali, na espreita, de olhos botocudos, querendo adivinhar com quais pedaços serão brindados. A repartição se dá assim que as partes internas são removidas. E é um trança-trança de meninos levando pedaços de carne e toucinho para este e aquele da rua.

As carnes remanescentes da penosa distribuição são salgadas e fritas o suficiente para conservas em latas de banha bem fechadas. Serão consumidas ao longo de meses. As semanas seguintes serão de festa: torresmos no feijão, arroz mais lustroso que o habitual, carne de porco assada, frita, chegada na panela com batatas douradas, linguiça com pimenta, linguiça com muitíssima pimenta, e uma grande *pancetta* a defumar, pendurada acima do fogão. Quando o pano que a embrulha se acinzenta e a ponta umedecida deixa cair gotas de gordura, é hora de fatiá-la e comê-la dentro de pães quentinhos.

Ser feliz não é o bastante

A PEQUENA FAMÍLIA TINHA ENCANTAMENTOS NA CASA DE OURO Fino. Uma vitrola novinha, discos, quase todos de tenores italianos, móveis bonitos de sala e de quarto. O pai viajava muito a trabalho e quando viajava era sossego certo. Trança-trança para a casa de parentes, almoços na casa de um, café da tarde na casa de outro e o jantar sempre na casa da avó.

Nas pausas entre as andanças, a menina e a irmãzinha brincavam com primos e vizinhos. A mãe e as tias tricotavam, bordavam, crochetavam, passavam roupa, que lavadeira tinham, e faziam almoço, jantar e quitandas deliciosas no forno do fogão à lenha.

Depois da novela, no grande rádio que imperava sobre a cristaleira na sala da avó, mães e tias agasalhavam as crianças e tomavam o rumo de casa. A festa toda acabava quando o pai chegava de viagem. Mesmo assim, a família não achava alto o preço que todos pagavam para ter sua presença cantante e assobiante em casa.

De tão ciumento, o primeiro dia do retorno era só de indagações: quantas vezes a mãe tinha saído de casa, com quem havia conversado na rua, se tinha saído até o comércio da rua 13, se havia ido ao cinema, ao cemitério, ao mercado.

Exceto visitas a alguns parentes bem próximos, todas as demais estavam proibidas ter-mi-nan-te-men-te, como se pecados mortais

fossem. Ai se alguém contasse ao pai que havia visto a mulher sozinha ou mesmo com as crianças, amigas ou parentes neste ou naquele lugar. As portas dos infernos se abriam. O caos se instalava durante dias na pequena casa. Depois, tudo serenava a ponto de haver rios de lágrimas quando ele viajava a serviço.

A mãe aguentava a primeira hora de interrogatório numa boa. Mas quando as perguntas se repetiam, ia ficando nervosa até ser tomada pelo desespero, posta contra a parede por conta de algum detalhe não revelado na primeira versão. E as meninas torcendo nervosas as mãozinhas. Eram duas mimosas, mãos rechonchudas e pequeninas com aquelas covinhas no começo dos dedinhos e finas pulseirinhas de ouro marcando os pulsos roliços.

O certo é que o pai não queria aquela vida feliz e infeliz que tinham. Queria sair daquela cidade pequena, daquela vida sempre exposta em vitrine para o bem ou para o mal. Queria estudar Belas Artes. Queria morar em cidade grande, andar anônimo pelas ruas. Não ter que cumprimentar pessoas desde o momento que punha os pés pra fora de casa. Não queria mais viajar, dormir sozinho em hotéis e passar a maioria dos dias de cada mês distante dos seus. Queria outra vida. E tivemos.

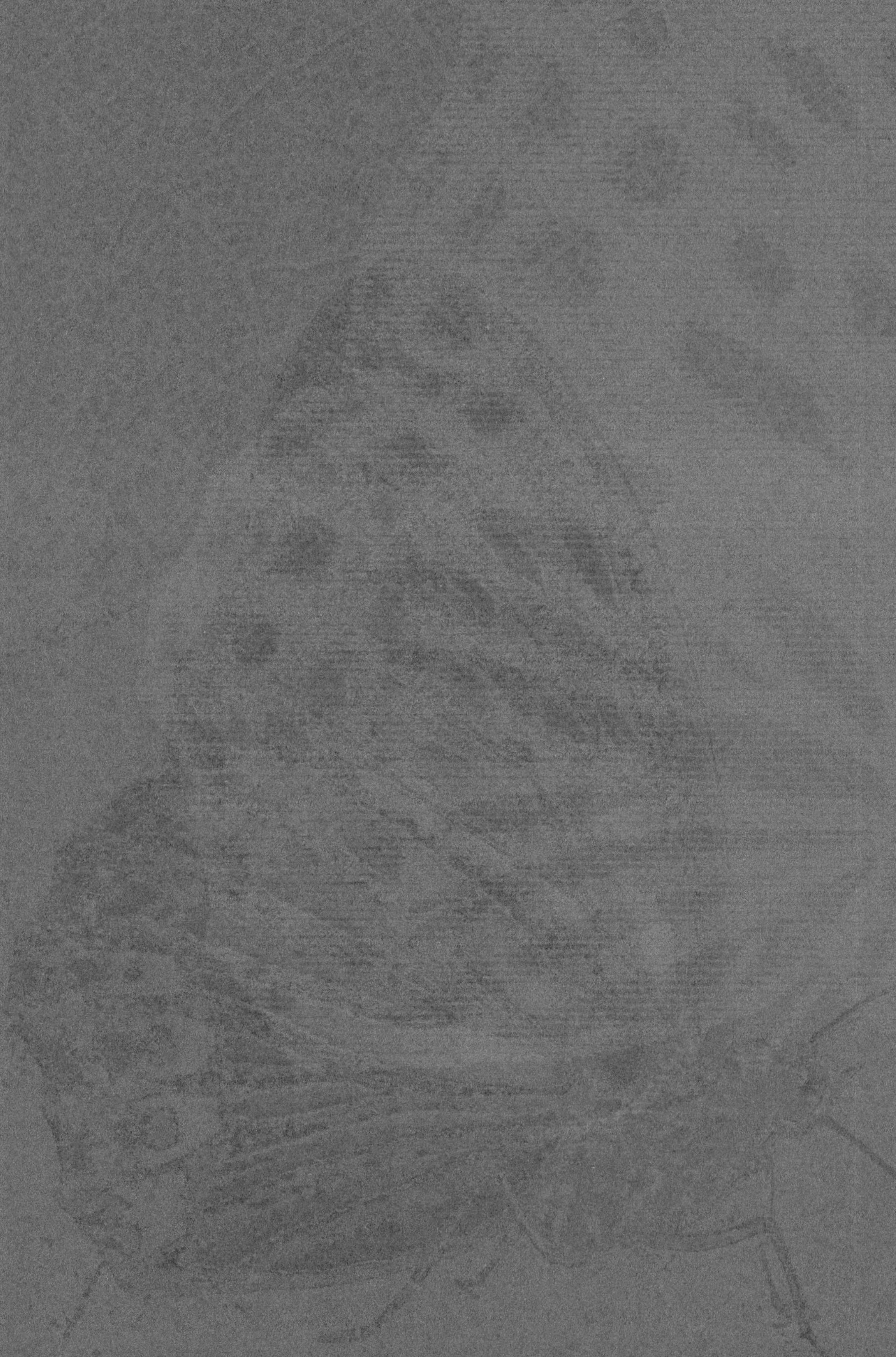

Vida ciga-na

Não importa de onde
eu venha, nem os anos
passados, sempre chego
a Brasília pela primeira
vez. Sempre chego
numa rodoviária suja
e molhada como
se fosse sempre janeiro.

Tatuagem na alma

O VOO MIAMI-BRASÍLIA COMEÇA A CHEGAR AO FIM. UM DOS comissários avisa que o café da manhã será servido. Não importa de onde eu venha, nem a quantidade de anos passados, sempre chego a Brasília pela primeira vez. Sempre chego numa rodoviária suja e molhada como se fosse sempre janeiro.

De um lado, a Esplanada dos Ministérios com o esqueleto da Catedral logo no começo; do outro, a base de concreto do que seria a torre de TV. Esse rascunho de cidade recém-inaugurada é tatuagem na minha alma. Não se apaga como não se apaga o rosto estranho e distante da minha mãe ao receber-me.

Um fosso havia se aberto entre nós em apenas seis meses, desde que deixamos Arapongas, no Paraná, numa noite fria e deserta. Depois da temporada forçada em Ouro Fino, com meus tios e avós, eu não queria voltar para casa porque simplesmente ela não mais existia. Quando abracei minha mãe, não reconheci a voz dela. Só ouvia as sílabas finais do que me dizia. O restante era levado pelo vento e pela umidade do verão. Tudo reverberava pelas fachadas dos prédios da 413 Sul.

Histórias se misturam em redemoinhos de folhas, risadas, choros e ranger de dentes. Trazem do muito longe destroços do berço da minha infância,da vitrola do meu pai e dos seus discos em 78 rotações. A venda da vitrola, que teve festa quando foi comprada, ajudou na mudança de 1954.

Nosso primeiro endereço mais longe de Ouro Fino foi a Vila Zelinda, São Paulo, de casas com quintais sombreados e famílias vindas da Lituânia, da Prússia e da Grécia; de esgoto a céu aberto e gente saindo de madrugada a pé para o trabalho, carregando marmitas em embornais.

Por mais que eu me estique deitada no colo da minha mãe, nas viagens de ônibus ou bonde ao centro, não consigo ver os últimos andares dos arranha-céus. Andar de elevadores, daqueles com

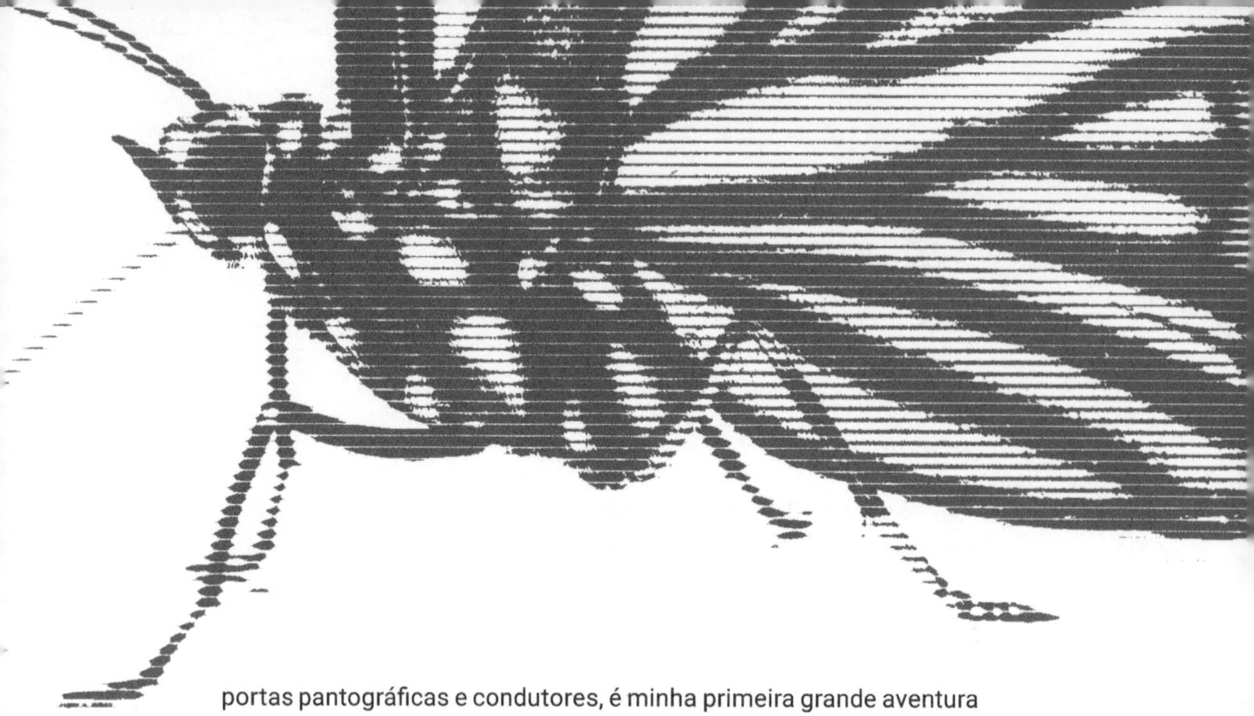

portas pantográficas e condutores, é minha primeira grande aventura de criança na cidade grande. Outra, andar pela cidade de mãos dadas com meu pai, sem destino.

Estamos fazendo isso, hoje, dia em que Getúlio se matou. Todas os rádios do comércio amplificam a leitura repetida da carta-testamento do presidente. Podemos continuar a caminhada a esmo e ouvir diferentes locutores numa leitura contínua. Fora Getúlio mesmo quem escrevera? Não importa. Tudo faz sentido. E eu fico sabendo para sempre o que são aves de rapina. E que o corvo é pássaro de mau agouro e não canta. Pode ser disfarce de pessoas que anunciam a morte, que trazem a má sorte a um país inteiro. O corvo pode ser um Judas que nunca se arrepende, não se enforca, um político carreirista da traição. Um Lacerda.

– Quando você crescer, tenho certeza, vai se lembrar dessas pessoas chorando nas ruas. Você já tem quase cinco anos e eu me lembro do que me aconteceu quando não tinha nem três. Vai se lembrar que, no dia em que Getúlio morreu, andamos pela rua Direita, pela Álvares Penteado. Aqui, meu avô comprou a primeira casa quando chegou da Itália. Pela praça da Sé, pelo viaduto do Chá. Tá vendo ali, mais pra baixo, foi quando viemos naquele comício que as pessoas gritavam que o petróleo é nosso. Bem ali. Você vai se lembrar disso, tenho certeza. – E meu pai foi repetindo para sempre, nos anos seguintes, as histórias dessas nossas caminhadas, a maioria às escondidas de minha mãe. Impossível esquecê-las.

Até a última batata

COM CINCO ANOS, A MENINA JÁ AJUDAVA A MÃE EM MUITAS coisas. Uma delas era ir adiantando o almoço enquanto Elza lavava roupa à mão em um tanque espinhento. A roupa ficava primeiro de molho num bacião, o mesmo em que tomavam banho. Depois era aquele esfrega-esfrega. Roupa branca pra ficar branquíssima tinha de ser fervida. O pai só trabalhava de terno, gravata e camisa social, de mangas compridas.

Cinco camisas perfeitamente engomadas por semana. Tudo poderia ficar para depois, menos as camisas do marido. Ele também usava chapéu, que vinha naquelas grandes caixas, lindas, que ficavam em cima do guarda-roupa. O que um chapéu faz pela elegância de um homem!

Homem de terno, gravata e chapéu, naqueles tempos, era tratado de doutor. Mesmo pobre, era dos que trabalhavam com a caneta. Tinham as mãos finas, dos que nunca pegaram no cabo de enxada. Homens de terno, gravata, chapéu, lenço despontando num bolso, caneta Parker no outro, relógio de pulso ou preso na corrente direto ao bolsinho do colete, faziam parte de uma casta especial. Mesmo que morassem num quarto e sala da Vila Zelinda.

Enquanto a mãe ralava as mãos em roupas finas ou mais grossas, a tarefa da menina, algumas vezes, era descascar batatinhas. E isso, para ela, era o martírio dos martírios. Tinha de tirar-lhes não a casca, mas a pele, de tão finas precisavam ser as tiras. Se possível transparentes, que era para não haver desperdício.

A menina até que começava bem, mas logo estava tirando lascas bem grossas das pobres batatas. A mãe, ao conferir a tarefa, lhe aplicava uns beliscões desses bem dados. Ela abria a boca, berrava pra ver se alguém a tirava daquela situação. Chorava de fazer dó até a última batata.

Certo dia, a conferência das cascas de batatas também passou por Dona Lídia, a lituana locadora. Para espanto da menina, a mulher esbugalha os olhos diante da travessa com as cascas das batatas e solta um grito:

— Dona Elza, esse desperdício é pecado. Batatas não devem sequer ser descascadas. Comemos com cascas e tudo. Bem se vê que brasileiro nunca sofreu os horrores da guerra, nunca passou fome a ponto de comer qualquer coisa verde do quintal. Olha tenho uma solução, frite em óleo essas lascas de batatas com cascas. Ou faça uma sopa com elas. É assim que aproveitamos tudo.

A vizinha vai embora e a mãe resolve seguir tal conselho.

— Cadê a panela de óleo que estava em cima do fogão desde ontem?

— Paneeeela de óleo, mãe? Que panela de óleo? Não era água suja não? Joguei fora.

Tragédia. Esse óleo era tudo que Elzinha tinha, inclusive para fazer o arroz da semana. Havia sido usado, sim, no dia anterior, para fritar uns pastéis. Mas seria reutilizado.

A menina olha de lado, aflita, a mãe com a cara vermelha de raiva. E trata de escapulir rápido para algum esconderijo no quintal. Afinal, nunca seria como os filhos da lituana, que esperavam quietos, parados, o merecido ou imerecido castigo.

Bicho de goiaba

A SEGUNDA CASA DA FAMÍLIA, EM SÃO PAULO, FOI NA VILA Prudente que, na segunda metade da década de 1950 mais parecia um vilarejo do interior. Ruas sem calçamento, pouco iluminadas. Casinhas com pequenos alpendres.

No largo, a parada final do bonde que ia e vinha do Ipiranga e também do centro; a igreja católica, das missas e passeios de domingo. A mãe aprontava as meninas com os melhores vestidos, laços de fitas, sapatos e meias brancas. O pai as levava à missa, enquanto a mãe preparava o almoço especial, quase sempre frango, que naqueles tempos era coisa chique.

O pai entrava com as meninas na igreja e logo ficava impaciente com a liturgia. Louco para fumar, dizia que podiam ir embora porque o Evangelho do dia, do qual o padre falaria horas, ele sabia de cor e salteado. E sabia mesmo, por amor aos tempos antigos, não exatamente por fé.

Gostava de ler os textos sagrados, na verdade mais o Velho do que o Novo Testamento, e de contá-los como se fossem capítulos de novelas. As meninas ouviam quase sempre assustadas a expulsão de Adão e Eva do Paraíso, os assassinatos de Abel por Caim e daquelas criancinhas inocentes, com menos de dois anos de idade, todas lindas e gordinhas, por Herodes. Além, é claro, de Davi e Golias. Sem falar na criação do mundo em sete dias, e de Eva da costela de Adão. Tudo o pai contava nos mínimos detalhes, alguns até inventados, com teatralidade que as horrorizava e também as embevecia.

Para provar que tinham assistido à missa por completo era preciso fazer hora. O pai ficava por ali fumando e as meninas correndo sem parar até perder laços de fitas e riscar sapatos de verniz, o que lhes renderia sermão da mãe a semana inteira. Do sermão do padre era fácil de se livrarem. Do sermão da mãe, impossível.

As compras eram feitas na caderneta e pagas no dia exato do recebimento do salário, no armazém de Dona Rosália, uma espanhola, e de seu marido brasileiro preguiçoso. O marido passava horas de cócoras, na porta do armazém, só pitando e espiando a vida. Não tinham filhos. Tinham um papagaio muito falante e divertido. Quando o papagaio resolvia procurar outra freguesia era um deus nos acuda até que voltasse para casa. E sempre voltava.

No dia do pagamento, a mãe fazia o pai levar as meninas junto. Saíam, então, para um passeio até à esquina, de banho tomado, limpinhas e penteadas, com a recomendação que lhes comprasse um agrado qualquer: pirulito, chiclete ou balinha com anel de pedra colorida amarrado na ponta.

O pagamento da conta era sempre em dinheiro e crianças de zoinhos botocudos por perto enterneciam Dona Rosália. Levavam pra casa algum mimo, quase sempre uma lata de goiabada cascão que, claro, nem chegava aos pés daquela que a avó fazia. O pai dizia que a tal goiabada era boa assim porque a avó não separava os frutos bons dos podres, cheios de bicho.

— E quem disse que bicho de goiaba faz mal? — grita a mãe lá do tanque.

Branquinho que nem leite

OURO FINO, MARÇO DE 1957. O NENÉM DA MAMÃE CHEGOU NUMA tempestade de verão. Dessas de enxurrada grossa que fazem o rio crescer e chegar aos quintais. Quando tudo acabou, a avó pediu que a vizinha levasse recado à filha mais velha: que segurasse a criançada longe até mais tarde. Todo mundo precisava de descanso.

A vizinha levou junto a filha tagarela. Num descuido, a língua de trapo contou a novidade a quem já estava ali, na espreita, intrigado com aquela conversa pela metade. Num minuto saíram, avenida abaixo, não tinha quem segurasse aqueles diabinhos.

As meninas e a primaiada chegam esbaforidos à casa da avó, molhados dos pés à cabeça e enlameados. Todo mundo teve que tomar banho e trocar de roupa antes de entrar naquele quarto na penumbra. A mãe nunca esteve tão linda; ao lado dela, um neném branquinho que nem leite.

— Quando ele vai abrir os olhinhos?

— Daqui uns dias, meu bem.

— Ele está mexendo a mãozinha, quer pegar alguma coisa?

— Não, que ele ainda não enxerga!

— Não enxerga?

— É, quando a gente nasce vai aprendendo a ver aos poucos...

— Nossa!

— É tão engraçado boca sem dente!

— Vai demorar alguns meses para nascer o primeiro...

— É, ele não vai precisar mesmo, só vai mamar!

— E como ele vai se chamar?

— O papai disse que se fosse menino, teria o mesmo nome do pai dele.

— Mas o vovô é velho e o neném é neném...

— A gente vai se acostumar com o nome aos poucos. Daqui um tempo nem vai estranhar. Vão brincar no quintal. Agora deixem a mamãe descansar enquanto o neném tá dormindo. Encostem um pouco a porta do quarto e obedeçam a vovó que ela também tá cansada.

Torradas e caldo quente

A MÃE, ESCONDIDA DA AVÓ, REPARTE O FRANGO DA CANJA COM AS meninas. Quebra as torradas no caldo quente e distribui colheradas.

– Não faz isso que elas já comeram. É pura esganação!

Comida do prato dos outros é mais bonita, mais cheirosa, tem gosto melhor. Mãe não deixa filho passar vontade. Pode adoecer. Aquela ali teve febrão de noite porque viu o primo comendo chocolate e não pediu. E se é a mãe que passa vontade, o neném nasce com a pele toda manchada.

Quando o pai saiu para tentar a vida de novo, dessa vez no Paraná, deixou a família com os parentes e que ninguém o esperasse.

– Só volto com emprego e casa arrumada. Fracassado, nem pensar.

A mãe chorou semanas, baixinho pelos cantos, até que as lágrimas secaram de conformação. De novo sem eira nem beira. Sem dinheiro para qualquer precisão. Sem notícias. Ainda bem que, com essa criançada toda na família, enxoval e berço já tem! Mas se ele não volta? Se faz a besteira que prometeu?

– Se agarre com os santos, minha filha, que nessa vida pra tudo tem jeito. Volta, volta que não é louco de deixar três crianças largadas nesse mundão de Deus. Vai dar certo. Para onde foi tudo é novo, não é a paradeza daqui.

É menino!

O NENÉM JÁ TEM MAIS DE MÊS E O PAI CHEGA PARA BUSCAR A família. Vão pra longe, pro Sul, onde a terra vermelha, quase roxa, é boa pro café. Pena é quando tem geada. Aquela florada branquinha murchando no pé! Aviso de prejuízo certo.

Mal o trem fez a curva, a menina já estava na esquina, coração aos pulos. O pai tá mais gordo e de roupa nova.

— Corre aqui e me conta logo: o neném que chegou é menino ou menina?

— Menino.

— Eu sabia, pura enganação a carta que me mandaram. Mas eu estava mesmo ressabiado, pressenti que me aprontavam. Coisa de quem não tem o que fazer.

Lá está o neném embrulhado no cobertor branquinho. Sapatinhos de lã amarrados com fitas. Uma mãozinha consegue sair daquele embrulho apertado.

— É pra aprumar a criança, se não enfaixar pode fazer mal para a espinha, ajuda segurar o pescocinho mole.

Os dedinhos se mexem e pegam o ar. A outra mãozinha também sai pra ficar grudada no rosto. Se fosse para tirar retrato não faria tanta pose.

Bolso de avó

O PAI CHEGA E JÁ MOSTRA AS PASSAGENS COMPRADAS. A AVÓ não se conforma com tanta pressa para levar a família.

– Melhor assim. Tempo pra se despedir só dos mais chegados – diz a mãe.

Em São Paulo, dormem em hotel perto da Estação Júlio Prestes, que de lá saíam os trens para o norte do Paraná. Com dinheiro no bolso, nada de procurar parentes. Já chega!

No quarto grande da casa, na Wenceslau Braz, despedida entre suspiros e soluços da mulherada com as mãos se contorcendo nas saias e aventais. O pai faz questão de deixar para a avó o pagamento das despesas de meses com a mulher e as crianças.

— Não precisa disso, ara!

— Claro que precisa. É pra tapar a boca dessa gente que só bota reparo. A senhora faz favor de dizer que tá tudo pago, não quero falatório.

A avó guarda o dinheiro no bolso menor do vestido desbotado. No maior, tem sempre balas de leite, embrulhadas na palha, para quem lhe pede a bênção. Terço para esconjurar o demo. Arruda para cortar quebranto. Cibalena se vem dor de cabeça. Bicarbonato

para acalmar o estômago. Dinheiro que lhe cai na mão não gasta fácil, só para espantar necessidade. Sai de fininho pra contar as notas, uma por uma. Vistoria o quintal: quebra um galhinho que secou daquela planta ali; verifica se as folhas continuam lustrosas daquela outra, se a alface e a couve tão no ponto de virar comida.

Cachos minúsculos de uva passam do ponto na parreira, iluminados pela manhã. São sagrados. Ninguém os toca. A muda foi trazida de navio pela bisa Teresa, junto com aquela folhagem ali, pena de pavão. Perto da velha cisterna, brincos-de-princesa aproveitam a umidade. No armarinho de madeira, amarelo descascado, à sombra, caquis amadurecem trancados. São comprados no mercado de sábado meio verdolengos. É preciso tirar os cabinhos de cada um deles com cuidado. No buraquinho que ficou, colocar uma gota de álcool para que não apodreçam.

— Colocou a gota de álcool? Agora coloque de novo o cabinho com a folhinha em cima e espere até que a pele deles trinque de tanta doçura.

Converseira boba

O TREM ATRAVESSA A CIDADE GRANDE, DEPOIS CIDADES PEQUENAS, povoados. Passa boi, passa boiada e cafezais sem fim. De repente, um solavanco. Ainda perto de Ourinhos, divisa com o Paraná, descarrilha. Sorte que só tombam os vagões de carga. O pai conta oito horas no relógio e o socorro chega. Está cansado. Água e a comida se acabaram faz tempo. Procurou, pela redondeza, leite para a mamadeira do neném e algumas frutas para as meninas.

— Imagine que na casa do colono a comida cheirava tanto que quase deixo a vergonha de lado e aceito um prato feito. E olha que era só um feijãozinho, uma farofa, uma couvezinha e uns torresmos. Nem arroz tinha. Lembrei de vocês com fome, nem a saliva desceu.

— Você é bobo mesmo, não aceitar a comida ali quentinha, oferecida com gosto.

O trem sacoleja de novo nos trilhos. Tudo é tão bom! Que a viagem não terminasse nunca. Que a vida escorresse sempre assim pela janela. Sol alaranjando a plantação. Vento morninho. Pai e mãe naquela conversеira boba.

— Tem camas para as crianças?

— Tem.

— Banheiro dentro de casa?

— Tem.

— Com chuveiro?

— É

— Fogão de lenha?

— Tem, mas não presta. Mando derrubar e faço outro. Lá não se usa lenha pra fazer fogo. É pó de serra. Nem precisa comprar. Tem serraria por toda parte. Toras enormes pra fazer de tudo. Não, a casa não é de madeira. É de tijolos, branquinha, a única do quarteirão. É de esquina. Grande. Já comprei fogão a gás. Se o forno é bom? Não experimentei. No portão tem jasminzeiro. No centro do jardim,

pé de café bem crescido. Primeiro vem florzinhas brancas e depois grãos vermelhos, árvore de natal. Dá pra colher, secar e torrar em casa. Comprei uma escrivaninha bem grande pro escritório. Um cavalete para minhas pinturas. Mando fazer a sala de jantar igual àquela do livro que tenho de móveis. Um barzinho pés de palito para guardar bebida e copos. Embaixo da mesa, um congólio estampado. Não, não é mania de grandeza. Claro que vamos economizar para ter casa própria. Não, não quero desenhar na sala. Não, escritório não é luxo. Vamos mudar de assunto que eu não quero briga.

O neném dorme largado no colo da mãe. A irmãzinha entretida com pirulito. Quando eu voltar de visita, quero todo mundo de roupa nova. Uma mala só de presentes. Um vestido clarinho pra Vó, que já é hora de ela tirar aquele luto todo.

Moleque é assim mesmo

— OUVIU? — O JUIZ APITA DE MUITO LONGE.

— Esse moleque é bom mesmo. Tão pretinho. Tão bonitinho! Apertou, na Copa do Mundo passada, a mão do rei. Não sabia que mão de rei não se aperta. Que rei se cumprimenta com uma reverência! Moleque é assim mesmo. Aposto que nem sabia que era o rei que estava ali. Achou que era qualquer um.

A cachorrada se escondeu embaixo da cama, das mesas, apavorada com o foguetório. A bola de meia vai e vem no campo traçado com uma finca no chão vermelho batido da rua. Brasil campeão e o moleque na boca de todos.

— Que nome estranho ele tem!

— Não é nome não, é apelido, seu bobo. O nome é Edson. Esse pessoal fica botando nome estrangeiro nos filhos. Que não é nem nome. Sobrenome de gente que fala outra língua, o inglês! Nasceu, outro dia mesmo, um Anderson Clayton, bem ali, duas casas depois da esquina. A mãe comeu margarina. Achou bonito o nome escrito no papel colorido e lustroso. Antes comia nata batida na caneca com um pouco de sal.

— Não são só os pobres que dão esses nomes não. O filho daqueles ali não se chama Richard? A madrinha que pôs. Foi ao cinema e, no filme tinha um Richard. Dorothy Lamour, com amor te adorei. Sereia...

Bola com Amarildo

A MÃE LAVA LOUÇA, A MENINA AJUDA. O PAI TENTA SINTONIZAR melhor o rádio.

— Agora sim, dá para se escutar bem. Sem interferência. Som limpo, uma beleza!

O jogo começa. A mãe fecha a torneira e deixa para guardar tudo depois. A menina se enrosca no pai.

— Estão transmitindo de muito longe daqui. Do lado de lá de fileiras de montanhas altas e geladas, quase as mais altas do mundo.

— Fileiras de montanhas?

— É, cordilheira. Outro país. Outro oceano. Gelado.

Bola com Amarildo, esgoela o narrador.

— Ainda vamos ver o que acontece em qualquer parte do mundo no mesmo instante que acontece.

— Ver? Ver?

— É, ver! Cada dia, mais novidades. Hoje a gente só escuta. Logo a gente vai poder ver também.

O rádio chia novamente. O pai desiste. Vai acompanhar o jogo no boteco mais próximo.

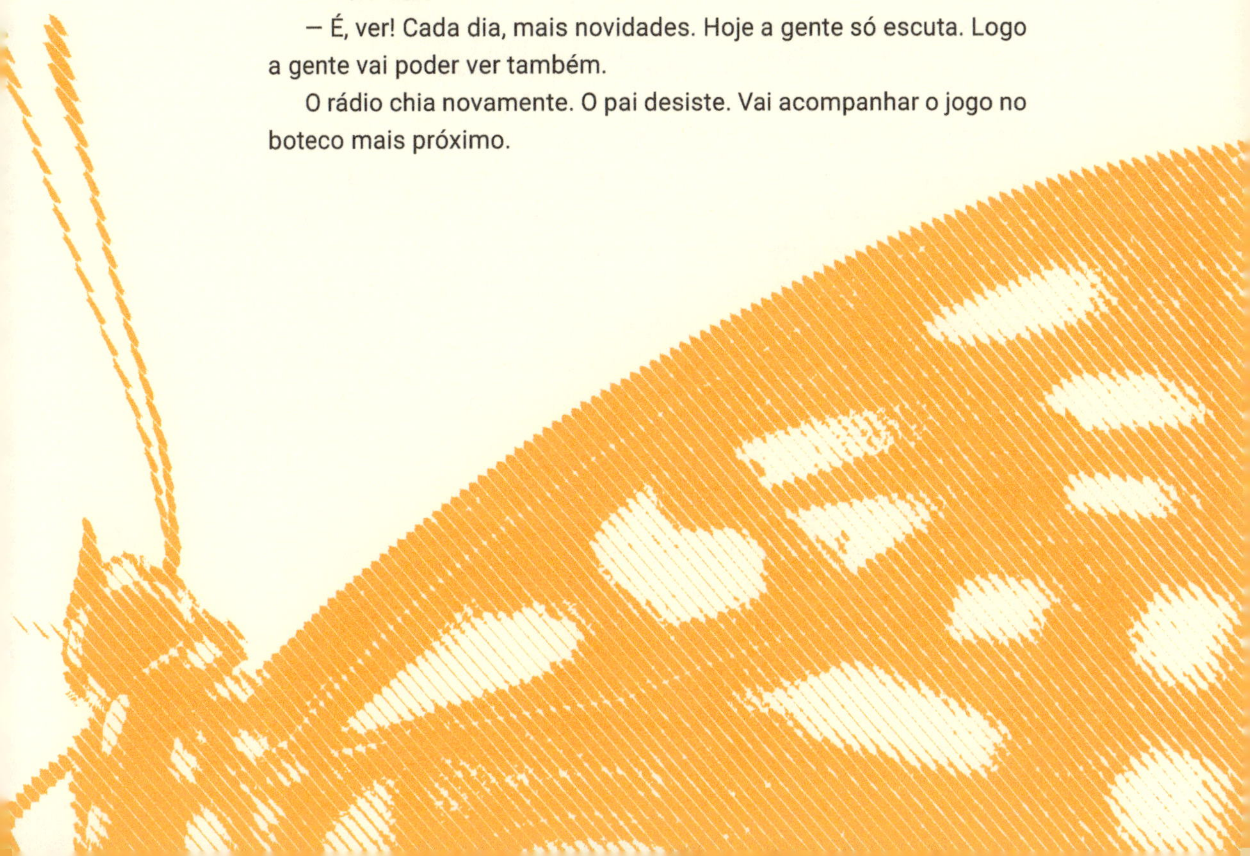

Você sabia quê...

E LÁ VEM O PAI COM SUAS HISTÓRIAS DE "VOCÊ SABIA QUÊ...?" Você sabia que um italiano iluminou o Cristo Redentor lá de Roma? Apertou um botão e o Cristo derramou-se pela Guanabara. Faz tempo! E que Dom Pedro gostava de tudo que era invento? Trouxe o telefone pro Brasil. Fotografou as pirâmides. Foi à Filadélfia. Antes dele, Dom João VI abriu os portos, inaugurou a Casa da Moeda e o Banco do Brasil.

É assim. Tudo tem um começo. Começo e fim. Bem, não é exatamente assim. Nem todo começo é começo. Nem todo fim é mesmo fim. Teve a primeira missa. Mas aqui já se rezava e o deus era Tupã. A primeira igreja foi na Bahia. Mas, antes, Deus abençoava Pindorama ao ar livre. A reza era dança na praça da aldeia. Barulhos de chocalhos, de pés batendo com força no chão.

Você sabia que o Ary Barroso fazia canções sobre a Bahia sem nunca ter posto o pé lá? Foi depois que ficou famoso. E que Dom Pedro pediu um saco de terra do Brasil que lhe fizesse de travesseiro na sepultura? A terra seguiu no mesmo navio que o levou para a França. As luzes da cidade se apagaram de tristeza quando ele partiu. Não precisa chorar, que isso aconteceu faz tempo. Muito tempo. Não, nunca mais voltou. Bonzinho ele era. Vovô de barbas brancas. Não chore que ele levou uma vida boa lá fora. Se você chorar, nunca mais conto histórias de verdade, só inventadas.

Só repita, não precisa entender o que é

"Serra da Boa Esperança, esperança que encerra,
no coração do Brasil um punhado de terra..."

— LAMARTINE, CARIOCA, FEZ ESSA MÚSICA PARA A CIDADE mineira que foi conhecer. Atraído pelas cartas apaixonadas de uma mulher que era, na verdade, um farmacêutico. "No coração de quem vai, no coração de quem vem, Serra da Boa Esperança, meu último bem..".

— Cantava bonito aquele que morreu de desastre de automóvel. Aquele!?

— Ninguém acreditou. Depois foi aquele chororô todo. Mulheres na missa, de preto. Teve marido que brigou. Teve marido que nem ligou.

— Mas isso eu acho um absurdo.

— Pois eu não acho.

— Absurdo, o que é absurdo?

— Deixa a gente conversar um pouco! Menina que fica nessa perguntação o tempo todo. Por que isso? Por que aquilo? Não dá para ficar um pouco sem saber o que é? Dá um descanso! Os mais velhos falam, os mais novos?

— Murcham as orelhas. Mas por quê?

— Ninguém vai responder isso não! Tá na hora de dormir.

— *Santo anjo do senhor, meu zeloso guardador, se a ti me confiou, a piedade divina*. Piedade divina?

— É, piedade divina. Só repita, não precisa entender o que é. Deus tenha piedade é de mim, que estou morta de cansada, que fiquei no tanque o dia inteiro! Menina, durma. Amanhã eu explico. Feche os olhos. Conte carneirinhos que o sono vem. Estão pulando a cerca. Um, dois, três...

— E se o sono não vem?

— Tenha paciência que vem. Vou fechar a porta. Vou apagar a luz. Tua irmã já faz meia-noite e você aí, de olhos estalados! Nem mais um pio!

Terra roxa

A MÃE RECEBE, EM MÃOS, UM BILHETE ASSIM: "QUANDO EU crescer vou ganhar muito dinheiro, ficar rico e casar com tua filha. Assinado: Wanderley." Entregou o bilhete, sem se importar com a braveza da senhora ali parada conferindo a rua, depois o jardim e, por último, o pé de café florado.

Bilhete entregue, o menino pede licença e passa com seu carrinho de mão feito de caixotes pelo terreno ao lado da casa, que era território livre antes de a mãe da menina resolver que ali daria excelente horta. Isso depois de desistir do galinheiro. Pelo menos uma dúzia de frangos, já no ponto de panela, foram afanados por vizinhos na véspera do sábado de Aleluia. Se contra a tradição nada se pode, nos anos seguintes roubos de frangos só em outra freguesia.

O menino faz esse caminho várias vezes por semana até a serraria, mais ao fundo do terreno. Busca pó de serra, combustível sem custo. Famílias mais pobres cozinham, nas cidades do norte novo do Paraná, em fogões quadrados, de tijolos e cimento misturado a um pó vermelho, o vermelhão, erguidos no centro da cozinha. Servem de fogão, de aquecedor no inverno e de secador de roupas quando chove. Diferentes dos fogões a lenha lá de Minas, feitos quase sempre encostados na parede, retangulares, uma parte mais alta para a trempe de ferro e outra mais baixa com a boca cheia de gravetos.

O pó de serra precisa ser bem socado direto em cada uma das bocas que fazem ferver ou fritar o que está nas panelas. Um orifício no meio de cada uma delas comunica-se com outra boca logo abaixo, que vem da frente do fogão. O ar, então, circula e alimenta o calor sem chamas, mas poderoso. Para fazer esses respiradouros, se utiliza quase sempre duas garrafas de vidro. Uma entra pela boca do fogão e encontra-se com aquela colocada no buraco da frente. Pó bem socado, garrafas retiradas com cuidado, acende-se o fogo, pela abertura inferior.

Durante pelo menos três décadas, esses fogões reduziram a cinzas montanhas de resíduos deixados por serrarias que trabalharam o abate de uma vastidão de árvores nativas, madeira das boas, de lei. Muitas com troncos que precisavam de vários homens para abraçá-los.

Essa derrubada sistemática, não seletiva, urgente, abriu espaço, deu realidade ao traçado de novas cidades: Londrina, Cambé, Rolândia, Astorga, Arapongas, Apucarana, Maringá. Para a derrubada, chega gente de São Paulo, de Minas, de todo o Nordeste. E assim desapareceram os caingangues e, com eles, famílias e famílias de tamanduás-mirins, tatus, macacos-prego, onças-pardas, lontras, quatis, antas, capivaras, gatos-mouriscos, jacus, papagaios, tucanos, anambés, veados, cotias e outras centenas e centenas de quadrúpedes, rastejadores e alados. Alguns espécimes sobrevivem ainda confinados em parques, bosques e reservas.

Bugreiros, bugreirinhos, corações-de-bugre, aroeiras, araticuns, enviras, pinheiros, vassouras, vassouras-brancas, vassourões-brancos, vassourões-pretos, azedinhas, samambaias, ipês-amarelos, pentes-de-macaco, cipós-de-São-João, periquiteiras, perobas, angicos, barbas-de-velho, carobinhas, cedros. Tudo dá lugar a cafezais que embranquecem a paisagem na florada e avermelham tudo quando frutificam, antecipando o Natal. Os japoneses vieram bem depois com suas escolas, cantos lamurientos, peixe cru, tofu, e banhos em tinas nos quintais.

Também havia fogões improvisados em latas grandes de querosene ou de óleo. Uma abertura pequena era feita em um dos lados da lata, rente à base. A tampa da lata era removida. Ateava-se fogo pela abertura menor. Sobre a maior colocava-se a trempe. Pronto. Mesmo as famílias com fogão a gás em casa usavam esses fogões de latas nos quintais para ferver roupas brancas, que de tão brancas, quando expostas nos varais, atraíam a admiração da vizinhança. A fervura retirava as marcas daquela terra roxa em que, se plantando, tudo dava, dá e dará.

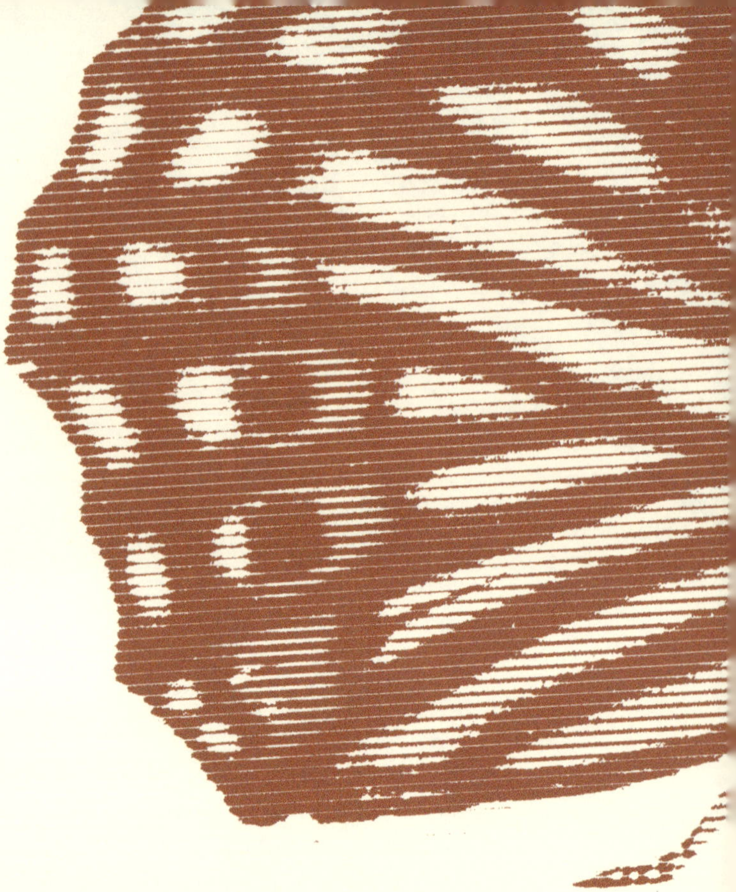

Rosários de pérolas e cristais

VESTÍAMOS BRANCO, UMA FAIXA ATRAVESSADA, AZUL OU AMARELA, do ombro à cintura. Boina na cabeça. Meias três quartos e sapatos tipo boneca. Vamos à missa pela manhã. Sentamos todas juntas na igreja. Temos nossos hinos. E à tarde, nas reuniões no salão paroquial, aprendemos a arte do amor ao próximo e da caridade. Nos intervalos da catequese, a mentir aos pais, aos professores. Exercitamos a inveja, o ciúme.

Quem foi da Cruzada Eucarística quando garota, lá pelos 17, 18 anos, passa a filha de Maria, que também se veste de branco. Ao redor do pescoço fita estreita azul e medalha de Nossa Senhora de pingente. Só são filhas de Maria as solteiras e virgens. Imaculadas. Há velhas entre elas. Além de carregarem o fardo de solteironas, ostentam em público esse carimbo de virgens para toda a eternidade. E as que sabidamente não são, viram motivo de piadas, de gracinhas: "Branquinhas só por fora, por dentro pão bolorento."

As casadas são de irmandades e congregações identificadas pelas cores e a largura das fitas no pescoço. As medalhas são a do Co-

ração de Jesus ou de algum santo ou santa. Os véus das casadas são pretos. E a beleza e textura dos véus dizem da família de cada uma. Os mais bonitos, de pura renda ou seda. Os rosários que carregam e escorregam dos missais são de pérolas, prata ou cristal. Há os de madeira que cheiram a rosa, a jasmim, a cravo e canela. Todos bentos pelo padre, bispo ou o próprio papa, naquela viagem que o monsenhor fez a Roma e levou o tio, o pai, o padrinho de alguma delas.

A lourinha da Cruzada Eucarística nem tem 13 anos, mas diz e rediz que quase desmaia com os beijos do namorado mais velho.

– Me controlo até ele chegar com aquela boca quente ao meu pescoço, aí não dou conta de mais nada.

Alguém solta um muxoxo. Outra semicerra os olhos com desdém. A loirinha pensa que nos dá aula. E nós ali, sonsas, deixamos que conte vantagens. Sabemos muito bem do que ela fala. E sabemos nos encolher e recolher. E sabemos não dar com as línguas nos dentes. Em boca fechada mosca não entra.

Mais bonito que James Dean

PALAVRA PUXA PALAVRA. NEM O ALARIDO A BORDO, NEM O DESFILE de pessoas com escovas e pastas de dentes pelo corredor — por que diabo fazem isso naquele banheiro que amanheceu imundo? Numa emergência não basta um chiclete de menta ou canela? — me desviam desse jogo que já me deixa mareada.

Na lousa, quadro-negro, vemos escrito depois da hora do recreio: "Dona Marilda está grávida". Marilda é filha do diretor do Colégio Estadual Emílio de Menezes, o professor Pitágoras. Um a um fomos interrogados. Quando chegou a minha vez, perguntei: – O que é grávida? – Fui dispensada sem segunda pergunta.

Ele é locutor da rádio local e tem legião de fãs. Primeiro me apaixono pela voz dele e esse foi o meu destino: me apaixonar sempre primeiro pela voz do menino, do garoto, do rapaz, do homem. Depois, me apontam o dono da voz na rua. Paulo é magro, moreno e grandes orelhas de abano. Me apaixono mais ainda. E aí ele começa a namorar uma normalista, a buscá-la no colégio. Carrega os livros dela. Passam a andar de mãos dadas pelas ruas. Beijam-se, agarram-se, escandalosos, no banco da praça em frente do cinema.

É hora de me apaixonar por outro: vejo a foto do casamento deles numa vitrine de loja. Tenho onze anos. Não estou mais no Grupo Escolar, mas no primeiro ano ginasial. As classes são mistas. Estudo francês e latim. E o menino do meu lado, o mais travesso, à beira da delinquência, chama-se Antônio. Me traz guaraná de merenda. O pai dele é dono da fábrica de refrigerantes. Fica cada vez mais rebelde e tem como castigo, no ano seguinte, o colégio interno. Quando o vejo novamente, dois anos depois, está mais bonito que James Dean e mais alto. Eu, a baixinha e sardenta de sempre, cabelo de franja liso, enquanto as meninas já usam bobes e penteados.

Elas fumam no banheiro, trancam-se no salão nobre e dançam *rock and roll*, música do diabo. Quem é da Cruzada Eucarística não pode dançar *rock*, nem *twist*, nem bolero de rosto colado ou outras partes coladas. Não pode pular Carnaval nem se esfregar nos meninos. Fazem tudo isso, às escondidas, e comungam todos os domingos. Eu carrego os segredos delas. Também carrego meus segredos e alguns são como plumas, outros, lâminas afiadas, outros, bolotas de chumbo, daquelas que fazem as redes dos pescadores afundarem.

Carestia demais da conta

NINGUÉM LAVA MAIS BRANCO QUE DONA FULANA OU DONA Sicrana. As roupas eram lavadas em tanques de cimento ou em tinas de madeira. E o sabão em pó nem havia chegado à cidade. Era sabão em pedra, em pedaços, feito com restos de gordura e óleo. Era sabão de cinzas, bolas escuras embrulhadas em palha de milho.

Quem podia comprava sabão Minerva. Resultados da disputa pelas roupas mais brancas eram repassados aos sussurros como em brincadeiras de telefone sem fio. Claro que tinha na vizinhança gente porca, sem vergonha de expor nos varais roupas encardidas. Para essa gente, o desprezo.

Também havia conversas sobre o chão mais bem encerado, o quintal mais bem varrido, os sapatos mais bem engraxados, o jardim mais florido e se dente-de-leão é planta difícil de vingar ou não. Nos intervalos dessas conversas, reclama-se da carestia demais da conta e do presidente que só quer saber de viajar pra baixo e pra cima de avião e que gasta todo o dinheiro do país na construção de uma nova capital lá no meio do mato. E dizem isso na maior candura, esquecidos de que vieram também de outras cidades mais velhas, muitas dos tempos dos bandeirantes.

Esquecidos de que ali chegaram também de outras plagas, de outros países, vistos só em filmes e calendários distribuídos pelas lojas da cidade, para esse mundo novo traçado em pranchetas. Nem querem saber se onde estão as casas em que moram, ruas, calçadas, igrejas e lojas, menos de duas, três, no máximo quatro, cinco décadas antes, o que existia era floresta com seus regatos, olhos-d'água, caboclos, bugres, tribos, mamíferos, pássaros, répteis que ninguém verá jamais.

Só quem sabe dessas histórias e as conta para as crianças, boas ouvintes, é o velho caçador que ali morava antes de tudo e continua morando na mesma tapera. O riacho que corria perto foi

soterrado sem dó nem piedade por entulhos das construções. Mas ele ainda faz jornadas de dias e dias a pé atrás de tatu e de porcos--do-mato para provisões que podem durar semanas, que carnes ele aprendeu a conservar bem e dinheiro não tem para comprar nada. Veste-se com o que lhe dão.

Em Minas, deixada para trás faz tempo, o sol da manhã clareava roupas ensaboadas estendidas sobre capinzais ou quaradouros de bambus. Lavar roupa obedecia a rituais. Separavam-se as brancas das de cor. Esfregadas à mão, ficavam de molho por horas. Menos as que soltavam tintas. As brancas, depois de quaradas, passavam por várias águas e eram batidas no tanque para a retirada completa do sabão.

As que soltavam tintas passavam por um bacião d'água levemente salgada. O sal impede a saída de mais tinta e evita manchas. As brancas têm uma última água de anil, que lhes tira o amarelado do uso. Estendidas em varais, dão frescura, aroma especial ao vento que invade as casas por janelas, portas abertas e telhados sem forro. O roseiral balança agradecido de tanta umidade. Lírios e copos de leite brotam das poças rentes aos tanques.

Lavadeiras são viúvas, mulheres largadas pelos maridos ou com maridos doentes. Em Brasília, havia as lavadeiras do lago, lá pelas bandas da barragem do Paranoá. E ainda estão lá, nas margens do rio de Contas, lá pelas bandas de Ilhéus, Bahia. Na cidadezinha à beira desse rio não há esgoto nem água encanada. Na lojinha que vende passagens de ônibus e faz as vezes de rodoviária, quem paga para usar o banheiro encontra uma lata d'água para dar descarga. E tudo vai direto para uma fossa aberta bem abaixo do piso.

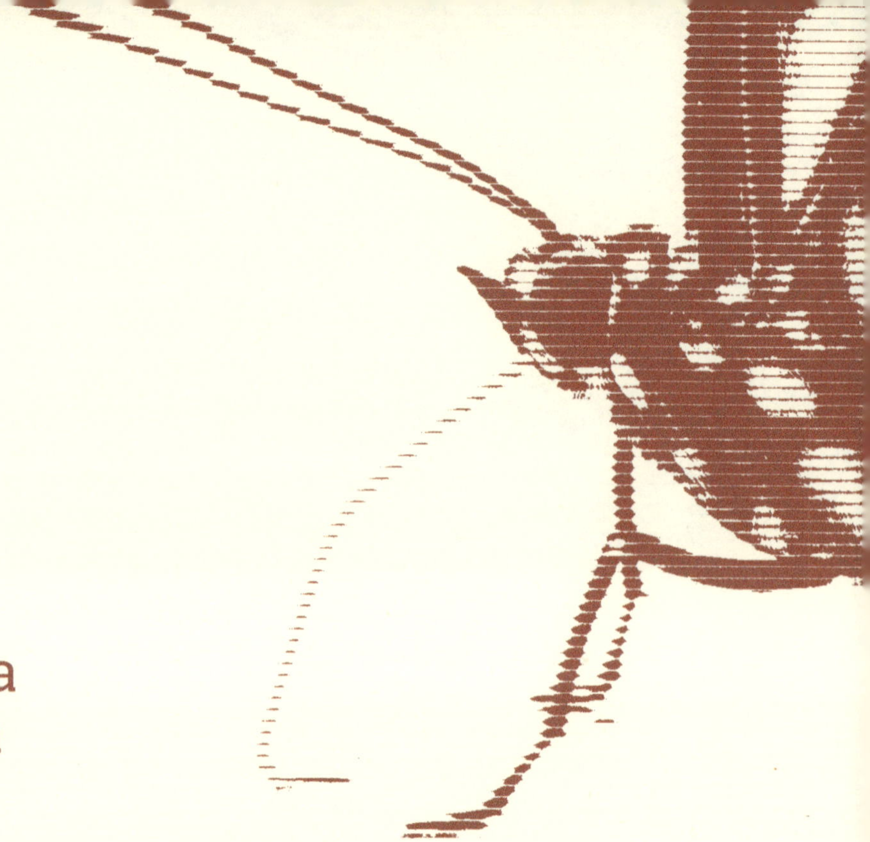

Página virada

A FAMÍLIA DO MENINO, O QUE QUERIA DESDE MUITO CEDO SE casar, retornou ao interior de São Paulo, de onde a mãe dizia que nunca deveriam ter saído. O norte do Paraná para muitos foi ilusão passageira. O encantamento da mãe da menina pelo menino também se desfez rápido, em raiva quase ódio, quando descobriu que, por baixo do pó de serra que ele levava, no carrinho de mão, sempre havia carregamentos de sua horta. De uma só vez, contou, foram-lhe surrupiadas ao menos vinte tenras abobrinhas. Rasgou, então, o bilhete dele que havia guardado para mostrar à filha quando crescesse.

Alguns anos depois também nossa família daria com os burros n'água. O Paraná revelara-se padrasto dos piores. Voltar para o sul de Minas, no início da década de 1960, impossível. Era região sem nenhuma esperança para deserdados desde o nascimento. Marcharíamos para Brasília, com uma mão na frente, outra atrás, como se dizia dos fracassados. E éramos reincidentes. Assim chegamos a Arapongas, vindos de Minas e de São Paulo. De nosso, na nova viagem que se iniciava, só a matula, quase trapos numa mala velha e a roupa do corpo. Minha irmã, chorosa, insistia em trazer o gato mudo, que recolhera da rua.

– Nem pensar – disse, entredente, nossa mãe.

Descendentes de famílias italianas chegadas ao Brasil em fins do século 19 e inícios do século 20, continuamos nossa sina cigana, sina de judeus errantes sem Terra Prometida. Somos ramos de uma mesma cepa de desvalidos, espalhados do Oiapoque ao Chuí. Deixamos mais outra vida sonhada para trás, à noite, de ônibus, direto para São Paulo. O motorista fecha a porta. No rádio, Golden Boys: "Toda vez que chove eu me lembro / Da garota quase sonho / Que me deu tanta emoção."

O Paraná, depois de apenas cinco anos, já é página virada. Eu só reencontraria o pessegueiro que minha irmã e eu plantamos, no dia em que nosso irmão caçula nasceu, dez anos depois, em visita para matar as saudades. E toda aquela floração em rosa vinha de uma simples muda que Elza havia cuidado para marcar aquele dia especial, na linda casa que sonhara ser dela e da família para sempre.

Segredos de escrivaninha

NA MUDANÇA DO PARANÁ PARA BRASÍLIA, O MAIS TRISTE FOI ver nossa escrivaninha saindo de casa para nunca mais voltar. Eu me despedi dela e da minha vida inteira, minha infância. Nunca mais voltaria ali. Era como morrer!

Eu amava aquela cidade, tinha amigos desde o primeiro ano do primário e já estava na terceira série do ginasial. Amava aquelas ruas, a vizinhança, todos aqueles móveis e até nossa última das três casas, sem conforto nenhum, nem água encanada tinha. Era como se tivesse nascido naquela cidade. Corri para o quarto quando minha mãe gritou:

– Não quero ninguém chorando perto de miiiiiiiim!

A escrivaninha pesada, de madeira maciça, precisa de quatro homens para carregá-la. As gavetas têm segredos. Apenas uma abre-se normalmente. A abertura das demais vincula-se estranhamente umas às outras. Difícil decorar a ordem certa. Quebra-cabeça. Esquema bem bolado de se economizar fechaduras.

Nas gavetas, meu pai se escondia num diário, em poemas, desenhos e livros que achava impróprios para suas crianças como *O tempo e o vento*. Mal sabia ele que eu já estava lendo *Olhai os lírios do campo*, também de Érico Veríssimo, que entre outras coisas falava sobre aborto, palavra amaldiçoada que não se pronunciava em voz alta dentro de casa. Outra era câncer.

Naqueles tempos, no máximo se dizia que a mulher havia perdido o bebê. Gravidez era, em linguagem familiar, "esperando a cegonha"; e "estado interessante", na linguagem mais formal. Eu mesma fui deixada pela cegonha numa cestinha pendurada pelo meu pai no abacateiro do quintal da minha avó. Minha irmã, na pereira.

Meu irmão foi deixado à sombra de um pé enorme de brincos-de--princesa. Ele foi o mais esperado. Depois de duas meninas, seria pouca sorte não ser um menino! O meu irmão mais novo, embaixo do pé de café, no jardim de nossa casa de Arapongas. Mas a maioria dos primos e primas foi deixada em repolhos, couves-flores ou no meio da plantação de temperos de todos os tipos, sempre na casa da Vó Ina.

Alguns, os mais levados, foram trazidos pela enxurrada, achados na lata de lixo, deixados na porta de casa por uma cigana banguela. Sempre tinha alguém na família achando que era adotado. E sendo reforçado sadicamente pelos adultos nesta ideia. Os filhos caçulas, os mais queridos e mimados, eram chamados de "raspa do tacho", quando o doce é mais doce.

Quando meu pai morreu, em maio de 1993, recuperei alguns de seus escritos. Em um deles, lamenta não estar ao lado de minha mãe quando o terceiro filho nasceu, como os dois anteriores, com ajuda da parteira, Dona Tina, em um dos quartos da casa da Vó Ina.

E Arraes não chegou

A AMIGA DE POINCIANA LEMBRA DE HISTÓRIAS DO INÍCIO DE Brasília. Das caravanas de famílias de funcionários públicos deixando a beira-mar, os subúrbios, as favelas do Rio de Janeiro em direção ao Planalto Central. De uma só vez, 1.400 caminhões de mudanças deslocaram-se rumo à nova capital ainda nem inaugurada.

Lembra a breve resistência contra o Golpe Militar, de *O panfleto*, duas edições apenas, já nas vésperas da queda de Jango. Deflagrado o Golpe pelos militares, meu pai me pegou pela mão e fomos de ônibus da 413 Sul à Rodoviária. De lá, a pé, ao Teatro Nacional que dentro era, então, apenas uma arena inacabada com arquibancadas nuas, de concreto. Na Sala Villa-Lobos, fila diante de um comitê de alistamento de voluntários pela Legalidade. Outro já funciona nos jardins perto da Rodoviária, no início da Esplanada.

Lideranças revezavam-se, no centro da arena, em discursos ininterruptos. Arraes está prestes a chegar de Recife para comandar a mobilização a partir de Brasília, é o que dizem. Brizola resiste no Rio Grande do Sul. Horas à espera de Arraes. A fila de alistamento engrossa. Nada. Haverá distribuição de armas? Quando? O pai se impacienta.

– Essa história de Arraes chegar é balela. Se chegar aqui, já chega fugido. Não tem sentido despencar de Recife pra Brasília. Vamos embora – me cochicha.

Vitorioso o Golpe Militar, Brizola foge para o Uruguai. Vestido de mulher? De padre? Ou deixou o Brasil de botas, bombachas e uma bomba de chimarrão na mão esquerda? Arraes é preso em Recife e levado para Fernando de Noronha. Minha mãe nem liga para o que acontece com "esse briguento do Brizola". Mas tem pena do "velhinho Arraes" que, em 1964, nem tinha 50 anos.

– A ilha tem tanta, tanta luminosidade que ele pode ficar cego – diz, compadecida, pesarosa com as notícias que chegam e dão conta de prisões, de agressões indiscriminadas. Mais de dois jovens ou adultos andando juntos em qualquer ponto cidade podem ser considerados em reunião suspeita, com risco de prisão. É o aviso.

De Fernando de Noronha, Arraes vai para Argel. De Argel para Paris. Quando volta do exílio, em Brasília, vai jantar no Fritz da 405 Sul com um bando de jornalistas e políticos. Quero vê-lo. Fui de táxi do trabalho até lá. Não entrei. O restaurante estava cheio e em festa. Escrevo um bilhete na folha do meu bloco de anotações. Peço a um amigo que entregue a Arraes. Vou embora. O bilhete: "Meu pai me ensinou a admirar o senhor. Bem-vindo!"

Estrelas tremem de amor e de esperança

NA VIRADA DE 31 DE MARÇO PARA 1º DE ABRIL DE 1964, JÁ HAVÍamos passado por várias casas em São Paulo, a última de fundo, sem água encanada. Havia um poço no meio do quintal que abastecia várias famílias, todas morando de aluguel, menos o sapateiro que era pai do proprietário. Já havíamos voltado para Ouro Fino e nos mudado, de novo, dessa vez para o Paraná, Arapongas, onde moramos em quatro casas. A primeira, linda,de tijolos, toda rebocada e pintada de branco. A última, de madeira descorada, nem água corrente tinha. O poço acabou-se em pedra, era seco. Dependíamos dos vizinhos crentes.

Dez anos depois de nossa primeira mudança, pra São Paulo, nossa família cigana, como dizia minha mãe, já estava em Brasília. E ouvimos juntos a Cadeia da Legalidade, comandada pela Rádio Nacional, ser desfeita. Emissão interrompida, meu pai não espera o comunicado dos vencedores. Vira-se para nós e diz: – Acabou. – Sem trocar de roupa, sem tomar banho, depois de horas e horas de vigília, entorna um golinho de café, boca de pito. Acende o último cigarro do maço amarrotado e cai derrotado na cama, sem conseguir pregar olho por horas.

Que ninguém durma!
Que ninguém durma!
Você também, ó Princesa,
Em seu quarto frio, olhe as estrelas
que tremem de amor e de esperança.
Parta, oh noite.
Esvaneçam, estrelas.
Ao amanhecer eu vencerei!
Vencerei! Vencerei!

A vizinha do apartamento ao lado acorda cedo, como sempre, e resmunga estabanada pelas escadas que "tudo aquilo é besteira". Derrubaram o Jango? E daí? Tava tudo uma bagunça mesmo. Pior não fica. Quem sabe não falte mais açúcar, pão, leite, farinha, carne. Os agitadores parem de chutar as prateleiras, de despejar tudo no asfalto. Nos dias que antecederam o Golpe, muito leite foi pro esgoto. Sacos de farinha e açúcar nevaram sobre pessoas, calçadas.

Assobio feito espada corta o peso do momento. Canto do vento nas folhas: "Tanta laranja madura / tanto limão pelo chão / tanto sangue derramado / dentro do meu coração." Meu pai e essa mania de assobiar cantigas de roda quando está, quando estamos todos tristes. Já a palavra cantiga é triste. Lamento. Música que vai e volta pro mesmo lugar. Tormento.

"Nesta rua, nesta rua tem um bosque / que se chama, que se chama Solidão / Dentro dele, dentro dele, mora um anjo / que roubou, que roubou meu coração". E minha mãe com voz da soprano de coro de igreja que foi um dia: "Se eu roubei, seu eu roubei teu coração /Tu roubaste, tu roubaste, o meu também / Se eu roubei, seu eu roubei teu coração / É porque, é porque te quero bem".

Livros em cova rasa

FOI ASSIM. ANTES MESMO DA CHEGADA COM ESTARDALHAÇO das tropas mineiras a Brasília, apartamentos da nossa vizinhança foram invadidos. Começam pelos dos militares, na 213 Sul, apoiadores de Jango. De manhã havia colchões rasgados pelos jardins da quadra. Nas lixeiras abarrotadas, livros desfolhados, louças quebradas. Muitos foram presos e família, desalojadas. Meu pai juntou, então, livros colecionados desde nossas andanças por Minas, São Paulo e Paraná. *A desnacionalização da Amazônia, O petróleo é nosso, A história da dívida externa brasileira, A guerra do Chaco*, exemplares de *O Panfleto*.

Esperou anoitecer, colocou tudo em três sacolas dessas de compra. Sacolas de feira, de náilon colorido. As duas maiores ele levou. Eu levei a menor. Chegamos à beira do lago por uma trilha no cerrado atrás da igreja de madeira que não existe mais. Igrejinha de frente para a L2 Sul, que ainda não havia sido duplicada. Os padres franceses acabaram expulsos do Brasil, acusados de fazer política e de acobertar militantes contra a ditadura que se instalava.

Uma cova rasa, bem larga, é aberta com a ajuda de um pequeno pedaço de pau pontiagudo trazido de casa na maior das sacolas. Meu pai coloca nela os livros com cuidado, como se os arrumasse numa estante. Cobre tudo com terra, folhas, galhos caídos. Faz uma casamata. Enterra os livros e fica ali parado, em silêncio, como se rezasse por eles. Meu estômago dói de fome. De medo? Um homem e uma menina ali no escuro à mercê de faróis inimigos. Voltamos para casa sem trocar palavra, passos curtos e apressados, quase correndo.

Desmancha-
-prazer

EM 1964 ERA POSSÍVEL ATRAVESSAR DE CARRO TODA A W3 SUL, em Brasília, num domingo, sem ver sequer outro veículo, em qualquer direção. É início de setembro. Estou na Rural Willys do meu tio, que agora, assim de tão longe no tempo, não sei se era verde ou azulzinha, ou verde-azulado, e a sensação era de estar noutro mundo. Tudo claro demais, sol queimando demais, tudo seco demais, o comércio todo fechado e aquela rua triste. Resmungo qualquer coisa e meu tio diz:

– Estamos bem alto, bem longe do nível do mar. Bem mais perto do céu. – Minutos depois: – Já vi muito caminhão dos grandes, atolados aqui nessa avenida, acredita?

Brasília havia completado apenas quatro anos e ele falava desses tempos como se houvesse passado um século. O tio chegou ao Planalto Central em 1957. A nova capital abriu outra frente para o êxodo de grande parte do sul de Minas que fluía, antes, apenas em direção a São Paulo e ao norte do Paraná. Chegou a Brasília amparado na coragem imigrante que corria no sangue da mulher, que começou a lecionar logo que chegaram. Nem eram tão pobres. Se fossem, estariam em Ouro Fino até hoje. Pobre que é pobre não tem nem onde cair morto, quanto mais para comprar uma passagem.

O pai, um pouco por ciúme da irmã ou por ser crítico demais, à beira do insuportável, como dizia a mãe, implicava:

– Cecília casou com Jorginho só porque ele era bonito. Era sacristão da igreja, era um pé rapado – como se ele próprio não fosse.

Jorginho foi criado pelo tio monsenhor. Antônio, o irmão mais aplicado, ganhou as boas graças do tio e pôde continuar os estudos. Jorginho não tinha esses pendores ou foi mesmo escolhido para não estudar tanto e ajudar o tio nos serviços da igreja. Naquela época tinha disso: um filho para padre, outro para o negócio do pai, outro para... Destinos traçados pelos mais velhos.

Além disso, Jorginho era traquinas, avoado. O tio, com a autoridade que lhe conferia a Igreja, ordenou que fossem recolhidas as bíblias

não chanceladas pelo papa, distribuídas de graça, por evangélicos. Não teve coragem de queimá-las e as guardou no sótão da casa paroquial. Passado um tempo, Jorginho foi de casa em casa de onde as bíblias foram recolhidas e as devolveu. Mas cobrou por isso. Outra vez, entrou no laboratório da Faculdade de Farmácia. Roubou metileno e jogou em várias caixas-d'água da vizinhança. A mulherada saiu às ruas apavoradas, aos gritos, quando viu que saía das torneiras água azulada.

O tempo passou, o menino danado se aquietou. Casado, deixou de ser sacristão. O diploma da Escola de Comércio de Ouro Fino ajudou no emprego que conseguiu na Novacap, a empresa que administra a construção de Brasília. Passa a ganhar o suficiente para ter uma Rural Willys, mas sem deixar a mania antiga de mexer com alguma coisa por fora que sempre não dava certo. No Acampamento da Metropolitana, que abrigava servidores mais abonados no início de Brasília, fez um galinheiro enorme no fundo do quintal. Ovos não vendidos, dezenas, eram diariamente distribuídos pela vizinhança. Em Minas, tentou fazer muitas coisas, até velas caseiras, sempre dando com os burros n'água, como se dizia.

A tia paciente nunca destrata o marido, nem quando bebe demais e as calças lhe caem abaixo da cintura e a fralda da camisa espicha amassada para um dos lados. Nem quando se apaixona perdidamente pela morena bonita, empregada do vizinho, e dorme bêbado, choramingando, no portão da casa do patrão dela.

O tio gosta de conversar com a cunhada. O marido se morde de ciúme. E quando, depois do almoço, saíam da casa deles, era uma briga só até o ponto de ônibus.

– Você tava lá toda prosa. Comigo em casa não é essa conversadeira.

– Marido desmancha-prazer! Isso é o que você é! Não se pode ter um minuto de sossego que você vem com essas implicâncias. Que martírio! Não saio mais de casa. Se quiser que visite sua irmã sozinho. O que eu fiz para merecer esse castigo? Meu Deus do Céu!

Dois murrinhos no peito

FOI NA RURAL WILLYS QUE MEU TIO, COM A AJUDA DE UM AMIGO na direção, conseguiu levar meu pai a tempo, de Brasília a Ouro Fino, para o enterro do meu avô. Uma viagem direta, sem parada para dormir, de 1.200 quilômetros.

Já era noite quando a vizinha do terceiro andar, Dona Alzira, a única que tinha telefone naquela prumada do prédio da 413 Sul, bateu à nossa porta dizendo que chamavam meu pai urgente. Sabíamos que o pior havia acontecido. Meu pai voltou chorando, lamentando não estar ao lado do meu avô na hora derradeira, tão previsível.

Um primo conta que estava no velório quando o pessoal de Brasília chegou. E enquanto o cunhado cumprimentava a todos, meu pai andou apressado até o caixão, segurou a cabeça do meu avô com as duas mãos e beijou-lhe a testa e cada lado do rosto, provocando uma choradeira na sala.

O primo fora escalado alguns meses antes para fazer dia sim, dia não, a barba do avô:

– Ouvia suas reclamações raivosas por não poder fazer esse mínimo de esforço e me agradecia depois com dois murrinhos em meu peito.

Dante, como bom italiano, era bastante vaidoso. Os netos gostavam de vê-lo caprichando no pós-barba, fazendo com a toalha úmida compressas no rosto. Quando os cabelos embranqueceram de vez, começou a pintá-los. Um dia, levou uma bronca da mulher, avessa a vaidades. Nunca mais ousaria pintá-los novamente.

Meu primo herdou a navalha de barba do avô. Mas, dos canarinhos, o herdeiro foi meu tio que, cheio de cuidados, trouxe-os na Rural Willys para Brasília. Continuaram aqui tendo vida de príncipes engaiolados: ovo cozido na casca, alface verdinha, água fresquinha e tudo sempre limpo. À noite, dormiam abrigados do frio e da luz inconveniente das lâmpadas da casa.

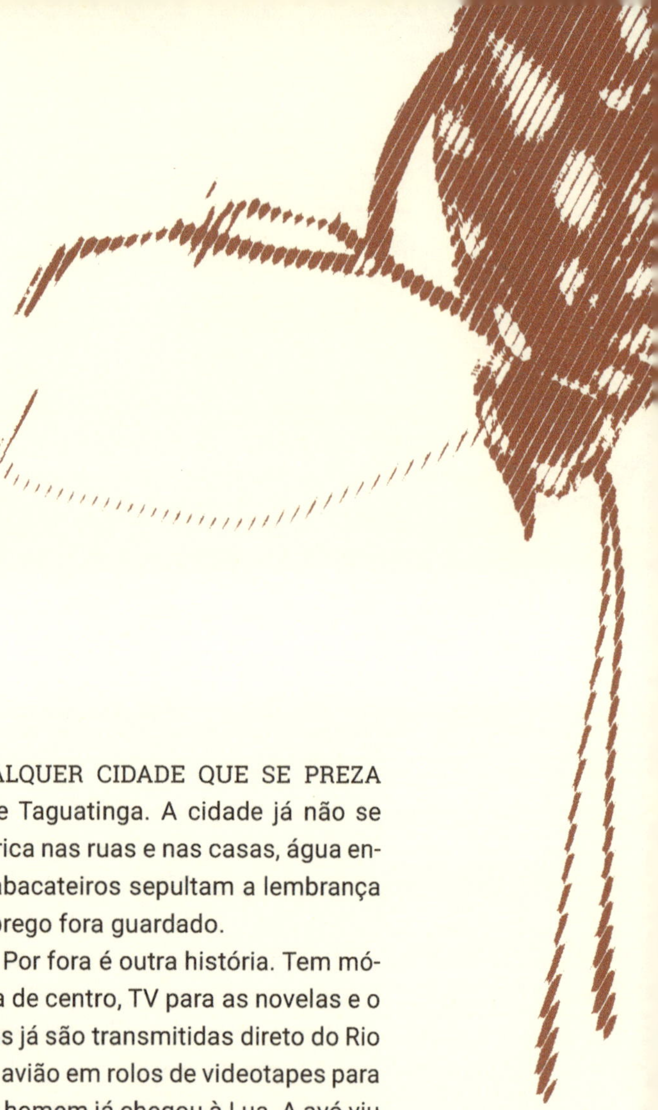

Era uma vez uma geladeira vermelha

FACILIDADES NORMAIS DE QUALQUER CIDADE QUE SE PREZA chegam também àquele canto de Taguatinga. A cidade já não se acaba no Mercado Norte. Luz elétrica nas ruas e nas casas, água encanada à vontade. Dois grandes abacateiros sepultam a lembrança do antigo barraco. Dele, nem um prego fora guardado.

A casa está pronta por dentro. Por fora é outra história. Tem móveis novos na sala: sofás, mesinha de centro, TV para as novelas e o *Jornal Nacional*. É 1972. As novelas já são transmitidas direto do Rio e São Paulo. Não chegam mais de avião em rolos de videotapes para ser exibidas com dias de atraso. O homem já chegou à Lua. A avó viu e não acreditou. A foto tremida dos primeiros passos do astronauta foi capa da *Veja*.

No quarto das meninas, duas camas bonitas com colchas de crochê, um criado no meio delas, uma mesinha de estudo e um pequeno guarda-roupa com espelho. O pai e a mãe não dormem mais em estrado. Agora têm cama de cabeceira com criado ao lado. Uma cômoda de madeira clarinha guarda lençóis e cobertas. Tudo combinando. Os meninos continuam dormindo cobertos por velhas colchas de retalhos:

— Este aqui é daquele meu vestido vermelho; este aqui foi o que sobrou daquela saia de veludo da Marta; este outro do casaco da Rita... E este? Não, não sei de onde veio. – A avó, artesã de tantas colchas, deve ter catado aqui e ali dos quartos de costuras de pessoas amigas.

Uma enorme geladeira vermelha enfeita a copa. Encomenda da mãe a um marceneiro, uma mesa retangular, estilo mineiro, de madeira maciça, ocupa o restante do espaço. A cozinha é moderna e contígua à copa. Pode-se lavar louça com vistas para o quintal. A pia, outro sonho da mãe, não dá para uma parede morta, mas para uma janela. O pai faz da garagem seu *atelier* de pintura. De manhã, ali a luz é muito boa.

A casa está pronta, depois de anos de se faltar quase tudo, menos comida: roupas melhorzinhas e distração para os meninos; vida de só estudos para as meninas. O pai vendeu todas as férias possíveis. A mãe tem uma clientela de professoras primárias para seus produtos de beleza e bijuterias.

Da janela da sala, a mãe vê os seus meninos sujinhos, brincando com outros ainda mais sujinhos da vizinhança, na rua sem calçamento. Um poeirão de fazer dó na seca. Um lamaçal sem fim nas chuvas. Espera apreensiva as meninas chegarem de noite, cansadas, sem o jantar, do cursinho de inglês, do pré-vestibular, dos trabalhos de equipe com coleguinhas que moram no centro. Suspira! Não dá mais pra viverem ali! Casa pronta, é hora de outra mudança. Habitar uma das asas do avião, a mais perto da universidade das meninas.

Da janela do avião

Asas abertas sobre o Planalto Central

O VOO MIAMI-BRASÍLIA ESTÁ PRESTES A ACABAR. BRASÍLIA JÁ me abraça com suas asas esverdeadas pelas águas da primavera. Sempre voltamos, até os nômades, para o que chamamos de lar. E se nunca o tivemos, para qualquer lugar capaz de nos reafirmar, por instantes que sejam, a certeza de que ainda estamos no jogo da vida. Mesmo quando chegamos sem nenhuma ficha válida em mãos ou qualquer história fajuta que justifique nosso desalento.

Nas cenas finais do filme *Havana*, Jack Weil (Robert Redford) estaciona o carro junto ao meio-fio de uma deserta beira-mar, em West Point. Enquanto caminha, rumina que costuma dirigir de Miami até esse extremo da Flórida, mesmo sabendo que o *ferryboat* que o ligava a Cuba e lhe traria, algum dia, a amada, não funciona mais. "Não que eu espere por ela. Mas quando vejo um barco solitário naquele ponto de mar, alguma coisa dentro de mim se acelera. Afinal, tudo pode acontecer. Todos os dias jornais noticiam como fatos o que antes eram apenas probabilidades das mais remotas. Em alguma esquina de Indianápolis, irmãos gêmeos idênticos cruzam-se depois de vinte anos. Fumam a mesma marca de cigarros e são casados com mulheres chamadas Shirley."

Jack, jogador de pôquer, deixou Cuba quando os de Sierra Maestra venceram. Antes disso, se apaixonou por Bobby. E, por amor, arrancou o diamante que escondia debaixo da pele do braço e comprou-lhe a vida do marido, em mãos da polícia de Batista. O diamante de Jack é o avião que levou Ilza e o marido para longe do Marrocos, durante a Segunda Guerra Mundial. Em Casablanca quem fica é Bogart. Pode nunca mais encontrar Ilza. Mas sempre terão Paris.

Jack é quem parte de Havana. Na despedida, diz que vai esperar por Bobby. Se a vida lhes for madrasta, sempre terão Havana. Apega-se às probabilidades. Nova década começa. Mudanças também estão em curso nas Américas e na Europa. "As coisas estão diferentes", acredita. Sente-se, então, como se estivesse de costas para a parede de um bar, com os olhos na porta de entrada. Alguém, é claro, vai aparecer. E vai entrar. O curso das coisas está sempre por um fio e o inesperado acontece. "Afinal, este é um país de furacões."

O filme se passa em 1960. A vida continua. Outras probabilidades em série, não exatamente as levadas em conta por Jack, viram fatos. A revolução de Fidel desanda e manda ao paredão de fuzilamento gente que a fez. No ano seguinte, aconteceria a invasão de Cuba, pela baía dos Porcos. Matam Kennedy, em Dallas. Martin Luther King, em Atlanta, e Che Guevara, na Bolívia. França e Alemanha estão em chamas. A Revolução Cultural desfila pelas cidades chinesas. Os Estados Unidos perderiam, anos depois, a Guerra do Vietnã, iniciada em 1959.

Quantas vezes mais Jack voltou a West Point à espera de um furacão que mudasse o rumo da história a seu favor? Na última, a porta do bar se abriu e, na contraluz, uma mulher entrou. E não era Bobby. Amantes do presente, futuros amantes resgatam histórias de amor naufragadas.

O que perdemos, flor colhida em seu esplendor, é nosso para sempre. Somos fênix reincidentes. Sempre estarei de volta a este meu porto seco, Brasília. Sem qualquer esperança de furacões ou tempestades tropicais que mudem o curso da história. O mar não chega até aqui. Esta é a cidade das tempestades em copos d'água.

AGRADECEMOS PELO APOIO
À EDIÇÃO DESTE LIVRO

Aetano Lima Santos, Allan Caetano, Ana Carolina Favilla, Ana Maria Rocha, Ângela Buti, Beatriz Abreu, Carlos Alberto Lopes, Carlos Alberto dos Santos, Carlos Woelz, Cybele Dan, Cláudia Safatle, Dário Favilla, Dante Favilla, Denis Silva, Edvirgem Dan, Eliane Castanhêde, Fernando Carneiro, Fernando Dantas, Fred Navarro, Filippo La Rosa, Gecy Belmonte, Graça Seligman, Heloísa Caixeta, Ijalmar Nogueira, João Manoel Pinho de Mello, João Ricardo Torres, José Américo Buti, José Edson Pellicano, José Ramos Filho, José Romildo de Oliveira Lima, Josie de Melo, Luci Ribeiro, Luciano Sobral, Macao Goes, Maílson da Nóbrega, Malu Gaspar, Maria Helena Antun, Margrit Schmidt, Marlene Valim, Maria das Graças Cruvinel, Maria Lima, Miriam Leitão, Mônica Waldvogel, Nélia Marquez, Nira Foster, Odail Figueiredo, Paulo Afonso Favilla, Raquel Ramos, Regina Xeyla Oliveira, Renata Velloso, Robson Vitor de Matos, Rodrigo Moreira de Capistrano, Rogério Ortega, Ronaldo Aguiar, Rosa Dalcin, Rosa Sampaio, Rosalva Nunes, Sandra Manfrini.

• • •

Projetado por Renata Ratto para a Musa Editora, utilizadas as tipografias Roboto e Roboto Slab. A 1ª edição foi impressa pela gráfica Forma Certa, em papel pólen bold 90g, para o miolo, e cartão supremo 300g, para a capa. Outono de 2020, ano sexagésimo da inauguração de Brasília.